教員免許制度研究会　著

教員免許制度

の

仕組みと実務

―教職課程から新教員研修制度まで―

第一法規

本文中に引用した法令一覧

（【 】内は、本文中で用いている略称。）

○教育職員免許法（昭和24年法律第147号）【免許法】

○教育職員免許法施行規則（昭和29年文部省令第26号）【免許法施行規則】

○教員資格認定試験規程（昭和48年文部省令第17号）

○教育職員等による児童生徒性暴力等の防止等に関する法律（令和3年法律第57号）【教員性暴力防止法】

○教育職員等による児童生徒性暴力等の防止等に関する法律施行規則（令和4年文部科学省令第5号）【教員性暴力防止法施行規則】

○小学校及び中学校の教諭の普通免許状授与に係る教育職員免許法の特例等に関する法律（平成9年法律第90号）【介護等体験法】

○小学校及び中学校の教諭の普通免許状授与に係る教育職員免許法の特例等に関する法律施行規則（平成9年文部省令第40号）【介護等体験法施行規則】

○教育基本法（平成18年法律第120号）

○学校教育法（昭和22年法律第26号）

○学校教育法施行規則（昭和22年文部省令第11号）

○大学設置基準（昭和31年文部省令第28号）

○就学前の子どもに関する教育、保育等の総合的な提供の推進に関する法律（平成18年法律第77号）

○地方公務員法（昭和25年法律第261号）

○教育公務員特例法（昭和24年法律第1号）

○市町村立学校職員給与負担法（昭和23年法律第135号）

○地方教育行政の組織及び運営に関する法律（昭和31年法律第162号）

○構造改革特別区域法（平成14年法律第189号）

※最新の条文は、https://elaws.e-gov.go.jp で確認してください。

　また本文で引用している教職課程認定基準等の審査基準は毎年度、文部科学省のウェブサイトに掲載している「教職課程認定申請の手引き」で確認してください。

はしがき

　教員免許制度は、難解だ、と言われることがよくあります。教員免許状を有していなければ教師になれないこと、教員免許状を取得するためには大学で教職課程を履修しなければならないことなどの基本的な原則のほかに、細かなルールが定められていますので、確かに、全体像がつかみにくいかもしれません。しかしながら、その細かなルールは、教師として必要な知識技能を担保することと、教師の数を確保するための現実のニーズの間のバランスをとるために加えられてきたものですので、その趣旨を理解しながらうまく活用することで、様々なニーズに応えることもできるようになります。

　難解と思われる制度にも、その制度全体を貫く幹になる部分があります。そうした制度の幹となる部分がどのような考え方でできているのかを理解するとともに、そこから派生する細かなルールがどのような場面を念頭に置いて作られているのかを押さえていくと、全体像が把握できるようになると思います。このような観点で、本書は、免許制度の基本的な考え方を説明する概説と、できるだけ具体的なニーズに即して説明するＱ＆Ａで構成しています。

　また、本書は、教員免許制度と教員研修制度の両方を扱っています。これまでは、教員養成は大学で、教員研修は採用した教育委員会や学校法人で、というように分けて理解されていたと思います。しかしながら、教師としての指導力は大学で完成するわけではなく、採用された後も継続的に学び続けることによって向上していくものです。このような考え方を背景に、近年は、養成、採用、そして初任者段階の研修から教職生涯を通じて指導力を高めていくことを目的とした制度が導入されています。このような観点から、本書でも教員免許状を取得するための学修から教員研修までの全体像を示すことができるようにしています。

　本書は、教育委員会で免許状の授与や教師の採用や配置の事務に携わる方、大学で教職課程の履修指導を担当する方、学校の管理職や教務担当の方など

が、教員免許制度や教員研修制度について調べようとするときに、最初に手に取っていただけるものとなることを期待しています。このため、できるだけ平易な言葉で説明することと、制度の全体像を簡潔に説明することに重きを置いて執筆しました。正確には、法令の規定、巻末の資料や教育委員会規則を参照してください。

　本書の執筆は、文部科学省で教員免許制度と教員研修制度の運用に関わってきた担当者が分担しました。なお、解釈や見解に関する部分は、執筆者個人としてのもので、所属する組織の見解を示すものではありません。

　Ｑ＆Ａの項目を選ぶに当たっては、教育委員会や大学で関係する事務を担当する方からもご意見をいただきました。また、第一法規株式会社の森永敏浩様と宮野未知様には、本書の企画段階から貴重なご意見をいただきました。この場をお借りして、お礼を申し上げます。

　令和5年1月16日

執筆者を代表して

長谷　浩之

目次

I 概説

Ⅱ　Q & A

Ⅲ　別表

Ⅳ　資料

※【　】内は、通知の内容を示すために執筆者が付したものです。

Ⅰ 概説

Ⅰ
概説

第1

教員免許制度の考え方

　教員免許制度の説明を始めるに当たり、まずは、その骨格となる仕組みや、この制度が何を目指しているのかを概観します。教員免許制度には、原則的な仕組みがある一方で、たくさんの例外があります。ただし、例外の仕組みは、あくまで特別な場合に認められるものであるため、本筋となる原則的な仕組みの内容と、そのような原則が定められている背景を踏まえておくことが重要です。

1　教員免許制度の二つの基本的な約束事

　教員免許制度には、二つの大きな約束事があります。
　一つは、教員免許状（以下、単に「免許状」といいます。）を有する方でなければ、幼稚園、小学校、中学校、高等学校、特別支援学校等の教師になることができないということです。しかも、免許状であれば何でもよいというわけではなく、①学校種（幼稚園、小学校、中学校、高等学校、特別支援学校）、②中学校及び高等学校については教科、③教諭、養護教諭、栄養教諭といった職種に相当する種類の免許状を有することが必要です（免許法第3条第1項）。この約束事は、「相当免許状主義」と呼ばれています。

　もう一つは、免許状を取得するためには、基本的には、一定の学修を行わなければならないということです。この一定の学修は、法令に示された、大学の学位と単位の修得によって構成され、教科の専門知識や指導法など、教師になるために必要な知識技能を身に付ける内容が含まれています（免許法別表を参照）。

　この二つがあいまって、教師になることができるのは、原則として一定の学修を行った方に限られることとなります。

2　教員免許制度が目指すもの

　では、このような二つの基本的な約束事によって、何を実現しようとしているのでしょうか。

　学校教育は、様々な背景や特徴を持った子供たちの心と身体の成長の全般に関わっていく営みであり、何の予備知識もなしに誰でもがすぐにできるようなものではありません。教師となる方々に、学校における教育の目的を達成するために最低限必要な知識と技能を身に付けた上で子供たちの指導に当たってもらうようにする仕掛けが、教員免許制度が目指すものの一つです。

　また、学校教育は、公教育として最低限期待される質が確保されていることについて、社会に対して説明できることが必要です。全国で約100万人の教師が学校教育に従事している中で、その一人一人についてみれば様々な個性や経験を持っていますが、どの教師も最低限必要な知識と技能を身に付けたということを証明することは、公教育としての社会に対する説明責任を果たすための重要な仕掛けといえるでしょう。

　教員免許制度は、このように学校教育を成り立たせるための基本となる仕組みの一つです。しかしながら、免許状を持っていれば、教員として完成されているのかといえば、そうではありません。免許状は、教員になるための入り口であって、教員になってからも日々の実践や研修を通じて継続的に力量を高め

ていく必要があります。この意味で免許状を取得するためのトレーニングは、「教師となる際に必要な最低限の基礎的・基盤的な学修」と言われており、教師になってから退職するまで継続的に学び続け、力量を高めていくための土台に当たるものといえるでしょう。

3　教員免許制度の柔軟性

　ここまで、免許状を有する方でなければ教師になることができず、また、免許状を取得するためには一定の学修を行う必要があるということが教員免許制度の基本的な約束事であることを説明してきました。しかしながら、必要なときに、必要な地域で、必要な種類の免許状を持った方を常に採用できるとは限りません。また、学生時代に教職課程で学んでいなくても、高い専門性や豊かな経験を持った方が教えることが児童生徒の学びにとって有益な場合もあります。

　このような実際のニーズに応えるため、教員免許制度の基本的な約束事にはいくつかの例外が定められています。例えば、免許状を有していない方が非常勤講師として教えるための特別非常勤講師制度や、一時的に有している免許状とは別の教科の指導ができる免許外教科担任制度があります。また、大学の教職課程で免許状を取得していない場合でも、優れた専門性を有する方に授与される特別免許状や、臨時の必要がある場合に授与される臨時免許状があります。

　また、免許状の取得方法についても、原則は、免許状ごとに所定の科目の単位を修得することが必要ですが、複数の免許状を取得する場合には単位を複数の免許状に使用できることや、教師としての一定の勤務経験のある方が免許状を取得する場合には大学の教職課程で一から取得するときよりも単位数が軽減されることなど、免許状を取得しようとする方の実情に応じた例外的な単位の修得の仕組みがあります。

　このように、教員免許制度には様々な仕組みが用意されていて、柔軟性がある面もあります。この様々な仕組みが教員免許制度を複雑にしている要因でもありますが、この例外的な仕組みをうまく活用することで、実際の人材確保や学生の方の履修のニーズに対応することができるようになります。

　ただし、例外が認められているのにはそれぞれに理由があり、例外を適用する場合のルールが定められています。その理由やルールを踏まえずに誤って運用してしまうと、無免許の方が学校で教えていたということになったり、あるいは免許状を取得することができなくなってしまったりという結果を招いてしまいます。教師を任命や雇用する教育委員会や学校法人の職員の方、大学で学生に教職課程の履修指導を担当される方には、例外が認められている理由や、例外を適用する場合のルールをしっかりと踏まえた上でこれらの仕組みを活用することが求められます。

第2

免許状の種類

　第1で、教師になるためには学校種、教科、職種に相当する種類の免許状を有していなければならないことを説明しましたが、このように、免許状の中にもいろいろな種類があります。教員免許制度の具体的な内容を説明するスタートラインとして、免許状の種類について紹介します。

1　普通免許状、特別免許状、臨時免許状の区分

　普通免許状、特別免許状、臨時免許状は、授与の方法・要件と効力によって区別されます。

	普通免許状	特別免許状	臨時免許状
授与の方法	所要資格 教育職員検定	教育職員検定	教育職員検定
授与の要件	所定の学位と単位	①と②の両方を満たす者 ①担当する教科に関する専門的な知識経験又は技能を有する者 ②社会的信望があり、かつ、教員の職務を行うのに必要な熱意と識見を持っている者	普通免許状を有する者を採用することができない場合

効力を 有する場所	全国	授与された 都道府県	授与された 都道府県
効力を 有する期間	制限なし	制限なし	3年

（ア）普通免許状

　普通免許状は、学位と単位の要件を満たす場合に、教育委員会によって授与されるものです。教職課程を履修することによって授与される最も典型的な免許状として位置付けられます。

　普通免許状は、全ての都道府県において効力を有しています。免許更新制が導入されていた間は、10年間の期限が付されていましたが、現在では期限の定めはありません。

（イ）特別免許状

　特別免許状は、大学で教職課程を履修していないけれども、優れた知識技能等を有する方々を教員として迎え入れるために、教育職員検定によって授与する免許状です。

　免許状の有効期間の制限はありませんが、各都道府県教育委員会の判断で授与されるものであるため、その都道府県内でのみ効力が認められています（免許法第9条第2項）。

　特別免許状は、担当する教科に関する専門的な知識経験と技能を有する方に対して授与されるものであるため、教科ごとに授与されることとなっています。つまり、免許状の種類としては、中学校や高等学校だけでなく小学校の免許状でも教科に分かれています。また、幼稚園での教育活動には教科の区分がありませんので、幼稚園の免許状は特別免許状の対象とはなっていません（免許法第4条第6項）。

　特別支援学校についても特別免許状がありますが、専門的な知識と技能を背景とした理療（あん摩、マッサージ、指圧等に関する基礎的な知識技能の修得

を目標とした教科を指します。）、理学療法、理容その他の職業についての知識技能の修得に関する教科や自立教科が対象となっています（免許法第4条の2第3項）。

　特別免許状の授与の要件や方法についての詳細は、Q 05で説明します。

（ウ）臨時免許状

　臨時免許状は、普通免許状を有する方を採用することができない場合に限り、教育職員検定によって授与される助教諭や養護助教諭の免許状です。普通免許状を有する方を採用することができない場合の一時的な人材需要を満たすものであることを踏まえて、有効期間は、免許状を授与したときから3年間に限られています（免許法第9条第3項）(注1)。

　臨時免許状の種類は、基本的には普通免許状と同様で、小学校、特別支援学校、養護教諭のほか、中学校や高等学校の教科ごとの臨時免許状があります（免許法第4条第4項、第5項）。特別支援学校については、普通免許状と同じく、一又は二以上の特別支援教育領域について授与されます。また、自立教科等の教授を担任する教師の臨時免許状は、障害の種類に応じて文部科学省令で定める自立教科等について授与されます（免許法第4条の2第2項）。

　一方で栄養教諭については、臨時免許状の対象となっていません。

　臨時免許状は、各都道府県教育委員会の判断で授与されるものであるため、その都道府県内でのみ効力が認められています（免許法第9条第3項）。

　臨時免許状の授与の要件と手続についての詳細は、Q 08で説明します。

（注1）　相当期間にわたり普通免許状を有する者を採用することができない場合に限り、都道府県の教育委員会規則で有効期間を6年にできます（免許法附則第6項）。

2　専修免許状、一種免許状及び二種免許状の区分

　学校種、教科、職種ごとに定められた免許状は、それぞれ①専修免許状、②一種免許状、③二種免許状（高等学校は、専修免許状と一種免許状のみ）に区分されています。これら①から③のいずれの免許状であっても指導できる範囲には違いがありません。①から③の区別は、主に免許状を取得するために必要な要件の違いであり、次のように分かれています。

免許状	学位	単位数	
専修免許状	修士	幼稚園	75
		小学校・中学校・高等学校	83
		特別支援学校※	50
一種免許状	学士	幼稚園	51
		小学校・中学校・高等学校	59
		特別支援学校※	26
二種免許状	短期大学士	幼稚園	31
		小学校	37
		中学校	35
		特別支援学校※	16

　※特別支援学校の免許状の取得には、学位の他に幼稚園、小学校、中学校又は高等学校の普通免許状を有していることが必要

　指導することができる範囲が同じであるのに、このように種類が分かれているのは、免許状に段階を設けることで、より上位の免許状を取得するための学修を促すことを意図しているものです。

　一種免許状は、教師として期待される資質能力の標準的な水準を示すものと位置付けられています。

　この標準となる一種免許状を取得している方が、さらに修士課程に進んだり、所定の講習を受講して単位を積み重ねたりすることで、専修免許状を取得することができます。専修免許状は、修士課程等において特定の分野について

学識を積み、当該分野について高度の資質能力を備えていることを示すものと位置付けられており、専修免許状を取得した方の専門性、つまり教師の得意分野を示す免許状といえるでしょう。教員の得意分野を示すものとして、専修免許状の様式には、大学院での専攻を記入するほか、免許法施行規則に定められた分野に関する単位を12単位以上修得した場合はその分野を記入することができることとされています（免許法施行規則第72条第2項）。

　一方で、二種免許状については、一種免許状との比較において、教師としてなお一層の研鑽を積むことが必要であるものと位置付けられています。このため、二種免許状だけを持っている教師の方には、一種免許状を取得する努力義務が定められており（免許法第9条の2）、二種免許状を有する方が一種免許状取得のための学修を行う機会が実質的に担保できるようにするための措置が講じられています。

　二種免許状を有する方には一種免許状の取得に向けて学修を積むことを求め、また、一種免許状を持つ方は大学院等でさらに専門的な学修を積むことで専修免許状の取得につながります。このように、教師の方の学修の成果を免許状の形で可視化することにより、学修の動機づけにつながることが期待されています。

3　学校種による区分

　普通免許状には、幼稚園、小学校、中学校、高等学校、特別支援学校という、学校種ごとの区分の免許状が定められています（免許法第4条第2項）。勤務する学校とそこで勤務するために必要な免許状の種類は基本的に対応していますが、学校種によっては、次の（1）から（4）のように、複数の免許状や資格を有することが必要なものもあります。

（1）義務教育学校の教師

　義務教育学校における教育は、小学校段階と中学校段階にまたがるものであることを踏まえて、義務教育学校の教師（養護又は栄養の指導及び管理をつかさどる主幹教諭、養護教諭、養護助教諭並びに栄養教諭を除く。）については、小学校の免許状と中学校の免許状を有していなければならないこととされています（免許法第3条第4項）。

　ただし、小学校と中学校の免許状の両方を有する教師の割合は地域によりばらつきが見られることなどを踏まえて、小学校の免許状又は中学校の免許状を有する方は、当分の間、それぞれ義務教育学校の前期課程又は後期課程の主幹教諭（養護又は栄養の指導及び管理をつかさどる主幹教諭を除く。）、指導教諭、教諭や講師となることができることとされています（免許法附則第19項）。

（2）中等教育学校の教師

　中等教育学校における教育は、中学校段階と高等学校段階にまたがるものであることを踏まえて、中等教育学校の教師（養護又は栄養の指導及び管理をつかさどる主幹教諭、養護教諭、養護助教諭並びに栄養教諭を除く。）については、中学校の免許状と高等学校の免許状を有する方でなければならないこととされています（免許法第3条第5項）。

　ただし、中学校の免許状又は高等学校の免許状を有する方は、当分の間、それぞれ中等教育学校の前期課程又は後期課程の主幹教諭（養護又は栄養の指導及び管理をつかさどる主幹教諭を除く。）、指導教諭、教諭や講師となることができることとされています（免許法附則第16項）。

（3）幼保連携型認定こども園の教師

　幼保連携型認定こども園の活動は、教育と保育が一体となって行われるものであることから、幼保連携型認定こども園の教師は、幼稚園教諭の免許状と保育士資格の両方を要することとされています（免許法第3条第6項、就学前の子どもに関する教育、保育等の総合的な提供の推進に関する法律）。

　ただし、令和7年3月末までは例外的に幼稚園の免許状か保育士資格のどちらかを有していれば勤務することができる特例が定められています。この点については、Q 07で説明します。

（4）特別支援学校の教師

　特別支援学校の教師は、特別支援学校の免許状に加えて、幼稚部、小学部、中学部、高等部に対応してそれぞれ幼稚園、小学校、中学校、高等学校の普通免許状を有することが必要です（免許法第3条第3項）。ただし、当分の間、幼稚園、小学校、中学校、高等学校の普通免許状のみを有する方でも勤務することができる特例があるほか、特別支援学校の免許状については、特徴的な点がいくつかあるため、Q 06で別にとりあげて説明します。

4　教科の区分

　幼稚園と小学校については、免許状に教科の区別がありませんので、全ての教科や領域について指導ができることとなっています。

　これに対して、中学校や高等学校の普通免許状と特別免許状、小学校の特別免許状は、基本的に学習指導要領に定められている教科に対応する形で、教科の区分が設けられています（免許法第4条第5項、第6項）(注2)。

　これらの各教科別の免許状を有する方については、その教科の範囲内で教師として指導することができます。ただし、中学校と高等学校の学習指導の中で、道徳（中学校の場合）、特別活動、総合的な学習（探究）の時間などについては、指導することができることとなっています。中学校と高等学校の免許状で教えることのできる範囲について、詳しくは、Q 09で説明します。

	教科（領域）の指導	道徳	特別活動	総合的な学習（探究）の時間
幼稚園	全領域	－	－	
小学校	全教科	○	○	○
中学校	特定の教科	○	○	○
高等学校	特定の教科	－	○	○

（注2）　これらの教科のほか、中学校及び高等学校における教育内容の変化並びに生徒の進路及び特性その他の事情を考慮して文部科学省令で定める教科について授与することができることとされていますが（免許法第16条の4）、実際には文部科学省令では免許法第4条5項に定められた教科以外の教科は定められていません。

　高等学校教諭の普通免許状は、免許法第4条第5項第2号に掲げる教科の領域の一部に係る事項で文部科学省令で定めるものについて授与することができることとされており（免許法第16条の5第1項）、この規定に基づいて授与することができる領域として、柔道、剣道、情報技術、建築、インテリア、デザイン、情報処理及び計算実務が定められています（免許法施行規則第61条の4）。ただし、これらの領域についての普通免許状は教員資格認定試験に合格した者に授与できることとされていますが（免許法第16条の5第2項）、現在はこれらの免許状に関する教員資格認定試験は実施されていません。このため、実際には、これらの領域に関する免許状は、特別免許状のみが授与できる状況にあります（免許法第4条第6項）。

5　職による区分

　幼稚園、小学校、中学校、高等学校の教師の中にも、主幹教諭、指導教諭、教諭、講師といった職の区別があり、それぞれの役割がありますが、免許状に関しては、職ごとには分かれておらず、教諭の普通免許状を有する方がこれらの職に就くことができます。

　これに対して、養護教諭は児童生徒の養護をつかさどること、栄養教諭については児童生徒の栄養の指導と管理をつかさどることという特別な職務があり、必要な知識技能も異なることから、それぞれの職に固有の免許状があります。

　また、臨時免許状については、助教諭の免許状とされています。

第3

普通免許状を取得する方法

　普通免許状を取得する方法には、大学の教職課程で必要な学位と単位を修得する方法と教育職員検定による方法があります。

1　大学の教職課程を履修する方法

　普通免許状を取得する基本的な方法としては、法律で定められた学位と単位を大学の教職課程で修得する方法です。どのような内容を履修して単位を修得しなければならないかは、具体的には免許法施行規則に定められています（Ⅲの**表1**〜**表7**（⇒126ページ以下）参照。）。この表は履修しなければならない内容と単位数をおおまかに定めていますが、具体的な単位の修得の方法は、Q12で説明します。

2　教育職員検定で取得する方法

　既に免許状を有している方が追加で別の免許状を取得する場合には、教育職員検定で取得する方法があります。

　教育職員検定は、受検者の人物、学力、実務や身体について行うこととなっていますが、学力と勤務経験については法令に具体的に定められています。これは、例えば、専修免許状などの上位の免許状を取得する場合、別の教科の免許状を取得する場合、別の学校種の免許状を取得する場合などによって免許法別表第3〜第8（単位の修得方法について、Ⅲの**表8**〜**表14**（⇒ 137 ページ以下）参照。）のように定められています。詳細はQ 30〜Q 34で説明します。

3　免許状を取得することができない場合（欠格事由）

　免許法は基本的には教師となるための知識と技能を有することを示すものですので、上に述べた知識と技能の要件を満たしている場合には、免許状の授与を受ける資格があります。しかしながら、教師としての適格性を明らかに欠くと考えられるような一定の事由に該当する場合には、免許状を与えるわけにはいきません。また、教師として勤務するための資格ですので、年齢などの最低限の要件を満たす必要があります。

　このような観点で、免許状を取得することができない場合が定められています（免許法第5条第1項）。これには、まず、一定の刑罰を受けた場合や、懲戒免職処分、分限免職処分を受けた場合のような、一定の非違行為を行った場合が該当します。また、18歳未満の方や高等学校を卒業していない方は、教師として勤務するための最低限の要件を満たしていないものとして、免許状を取得することができない場合に該当します。

第4

大学の教職課程

　第1で説明したように、教員免許制度は、一定の学修を行った方だけが教師になれること、それによって全ての教師が、最低限必要な知識と技能を身に付けた上で教壇に立つことを担保しています。つまり、教師になるための学修は、教員免許制度の屋台骨を支えるものです。

1　大学の学位課程における教育—大学における教員養成と開放制の原則

　このように教師になるための学修が重要であるからこそ、その時々の政策課題を反映して、これまでに何度も免許法や免許法施行規則が改正されてきました。しかしながら、戦後に現在の教員免許制度ができてから時代を経ても変わらない二つの基本的な考え方として、「大学における教員養成の原則」と「開放制の原則」と呼ばれるものがあります。

　免許状を取得するための単位の修得は、基本的には大学や大学院において行うこととなっています。このことは、「大学における教員養成の原則」と呼ばれています。大学における学修を基礎として教員養成を行うことによって、幅広い視野と高度の専門的知識・技能を兼ね備えた人材を教職に集めることが期

待されています。

　そして、教員養成を直接の目的とした教員養成系の大学や学部でなくとも、国立・公立・私立を問わず、大学は、制度上等しく教員養成に携わることができることとなっています。これは、教員養成大学や教育学部など特定の大学や学部に閉じられていないということで、「開放制の原則」と呼ばれています。様々な大学や学部で学んだ方に免許状を取得する道を開くことで、多様な人材を広く教職に集めることが期待されています。

2　教師になるための共通的な学修—教職課程と教職課程認定制度

　1に述べたように、大学の学位課程であれば、教員養成を直接の目的とした大学や学部等でなくとも、また、国立・公立・私立の別を問わず、制度上等しく免許状を取得するための学修を提供することができます。これが成り立つには、全国どの大学で学んだとしても、教師として最低限必要な知識と技能を身に付けられる学修を行うことができるものでなければなりません。このため、教師になるための学修のプログラムは、一定の基準を満たしていることが必要となります。このことを制度的に担保するのが、教職課程と教職課程認定制度です。

　免許状を取得しようとする全ての方が満たさなければならない要件（所要資格）として、免許法と免許法施行規則に一定の単位が定められていますが、この単位の修得に向けた学修を行うために適当な課程として文部科学大臣に認められたものが教職課程であり、大臣が適当な課程として認めるかどうかを審査する手続が教職課程認定です。

　この認定に当たっては、大学からの申請を受けて文部科学大臣が中央教育審議会に諮問し、その答申に基づき行うこととされており、そのための具体的な審査は、中央教育審議会初等中等教育分科会教員養成部会の付託を受けて、課

程認定委員会が行っています（**図1**）。

　課程認定委員会の審査においては、免許法施行規則、教職課程認定基準等に規定する授業科目の編成、教員組織、施設設備等を備えているかどうか等を専門家によって確認しており、この手続を通じて全ての教職課程が一定の基準を満たすことが確保されています。

図1　教職課程認定の流れ

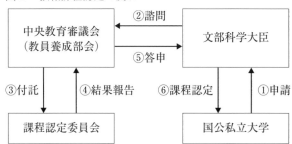

（出典）教職課程認定申請の手引き（令和6年度開設用）（mext.go.jp）

第5

免許状の授与と管理

1 免許状に関する事務は誰が行うか

普通免許状は、全国どこの都道府県でも使うことができますので、国が免許状の授与や管理に関する仕組みを法律などの形で定めており、それに基づいて都道府県教育委員会が実際に授与や管理の事務を行います。戦前には国の事務とされていた時期もありましたが、戦後には教育に関する事務の地方分権を進める観点から、直接的に事務を行うのは都道府県教育委員会とされています。

免許状の授与は、都道府県教育委員会に対して申請し、必要な要件がそろっていることが確認された場合に行われます。また、免許状を失くしたりした場合には再交付を受けることができるほか、氏名が変更になった場合には書換えを受けることができます。これらも全て免許状を授与した都道府県教育委員会（「授与権者」といいます。）に申請して行われます。授与の申請は、どこの都道府県の教育委員会に対しても行うことができます。

2 免許状はどういう場合に効力がなくなるか

非違行為を行った場合には、免許が失効する場合が定められています。

　まず、既に免許状の授与を受けた者が一定の事由に該当した場合には、その者の有する免許状は自動的に失効します（免許法第10条）。これは、第3の3で説明した免許状を取得することができない事由である欠格事由のうち、非違行為を行った場合と同じものです。つまり、免許状の授与を受けた後に、免許状の取得が禁止されている事由に該当した場合には、失効することで、これらの事由に該当する者が免許状を有している状況がないようにしています。

　また、懲戒免職処分などの地方公務員法の規定の適用を受けない国公私立学校の教師が、地方公務員の懲戒免職の事由に相当する事由により解雇された場合には、免許管理者である都道府県教育委員会は免許状取上げの処分を行います（免許法第11条）。

　免許状が失効し、取上げの処分が行われた場合には、免許状を有していた者は免許状を免許管理者に返納しなければならないこととなっています（免許法第10条第2項、第11条第5項）。

　この「免許管理者」とは、教師等の職にある場合はその勤務地の都道府県の教育委員会、それ以外の場合は住所地の都道府県の教育委員会を指します。

　欠格事由に該当することによって失効した場合に、すぐに免許状の授与を受けることができるとすると、失効させる意義がなくなってしまいます。このため、欠格事由に該当しなくなるまで、例えば、懲戒免職処分を受けた場合には、処分から3年を経過するまで、禁錮刑（改正刑法の施行後は、「拘禁刑」。以下同じ。）を受けた場合には、刑の執行等が終了してからその後10年を経過するまでという刑の消滅期間（刑法第34条の2）は、新たな免許状の授与を受けることができません。

　以上の点について、詳しくはQ35、Q36を参照してください。

　また、免許状授与の欠格事由に該当する者は学校教育法によっても教師としての要件を欠くこととされています（学校教育法第9条）。

3　免許状に関する情報はどのように管理しているか

　教師になろうとする方が、教師になるために必要な種類の免許状を持っているかどうかは、採用のときに確認しておかなければならない情報です。

　この点で、まず確認すべきは、免許状に記載されている情報です。授与されているのがどのような種類の免許であるのか等は、免許状に記載されます（免許法施行規則第72条、別記第1号様式）。免許状を有する方は、教師として勤務する場合には、免許状を提示して、自分がどのような免許状を持っているかを示すこととなります。また、教育委員会等は、免許状を見て、採用しようとしている教師が有効な免許状を持っているかどうか、持っているのはどの種類の免許状かを確認する必要があります。

　また、免許状に関する情報は、免許状を授与した都道府県教育委員会が管理する原簿に記録されます。原簿は免許状ごとに作成し、氏名、生年月日、本籍地、免許状授与年月日、失効・取上げ処分を受けた事実等の情報を記載することとなっています（免許法第8条第1項及び第13条第2項、免許法施行規則第74条第2項）。

　これらのほか、授与権者である都道府県教育委員会では、授与証明書という免許状に関する情報を証明する書面を発行しています。例えば、採用に際して必要な免許状を有しているかどうかは、本人が免許状・授与証明書を提示することで確認が行われています。

　免許状が失効した場合には、免許管理者である都道府県教育委員会は、その免許状の種類、失効・取上げの事由（免許法第10条第1項又は第11条第2項の第何号に規定する消極要件に該当したのか）、その者の氏名と本籍地等を、その免許状を授与した授与権者に通知するとともに、官報にも公告することとなっています（免許法第13条第1項）。また、通知を受け取った授与権者である都道府県教育委員会は、原簿にその情報を記入することとなっています（免許法第13条第1項、第2項）。

第6

公立学校の教師の研修制度

1　研修制度の基本的な原則

　教育基本法第9条第1項において、教師は、絶えず研究と修養に励むこと、同条第2項において、教員の養成と研修の充実が図られなければならないことが規定されているように、これまでも常にその資質の向上が図られるよう、法令上、特別な配慮がなされているところです。

　さらに、公立学校の教師については、教育公務員特例法第21条第1項において、教育公務員は、その職責を遂行するために、絶えず研究と修養に努めなければならないことが規定されています。これは、他の地方公務員の場合と比較して、

① 他の地方公務員の研修は、「勤務能率の発揮及び増進」という限られた目的をもつのにすぎないのに対して、教育公務員の研修は「その職責を遂行するために」として、職務遂行上不可欠なものとして位置付けられており、より広範な目的を有すること

② 他の地方公務員の任命権者である地方公共団体においては、研修の機会を提供すべき旨の規定があるのみだが、教育公務員の任命権者である教育委員会においては、校長及び教員としての資質の向上に関する指標（以下「指標」という。）を定めるとともに、指標を踏まえて教員研修計画を策定

し、初任者研修、中堅教諭等資質向上研修などの法定研修を実施するな
ど、教育委員会の任務がより具体的に規定されていること

③他の地方公務員の研修においては、「職員には（中略）研修を受ける機会
が与えられなければならない」（地方公務員法第39条第1項）として、研
修についての職員の立場の規定ぶりは受け身となっているが、教育公務員
においては「教育公務員は（中略）絶えず研究と修養に努めなければなら
ない」（教育公務員特例法第21条第1項）とされており、教育公務員自身
に継続的な努力義務が課されていること

といった点で特別な位置付けがなされています。

2　法律に定められた研修制度の概要

　公立の小学校等の校長と教師の研修については、その任命権者である教育委
員会は、教育公務員特例法第22条の2第1項の指針（以下「指針」という。）
を参酌しつつ、その地域の実情に応じ、同法第22条の7の協議会（以下「協
議会」という。）における協議を経て、同法第22条の3の指標を策定し、指標
を踏まえて同法第22条の4の教員研修計画（以下「教員研修計画」という。）
を策定するという体系的な仕組みが整備されています。

　教育委員会は、指標や教員研修計画を踏まえて、教育公務員特例法第23条
の初任者研修、同法第24条の中堅教諭等資質向上研修などの法定研修を実施
するほか、経験段階や職責等に応じた様々な研修を実施しています。県費負担
教職員については、市町村教育委員会も研修を実施することができ、都道府県
教育委員会が行う研修に協力しなければならないとされています（地方教育行
政の組織及び運営に関する法律第45条第1項）。

　さらに、令和4年5月には、教育公務員特例法及び教育職員免許法の一部を
改正する法律（令和4年法律第40号）が成立し、教育委員会が、教員等ごと
に研修等に関する記録を作成する（教育公務員特例法第22条の5第1項）と

図2　研修履歴を活用した対話に基づく受講奨励のイメージ

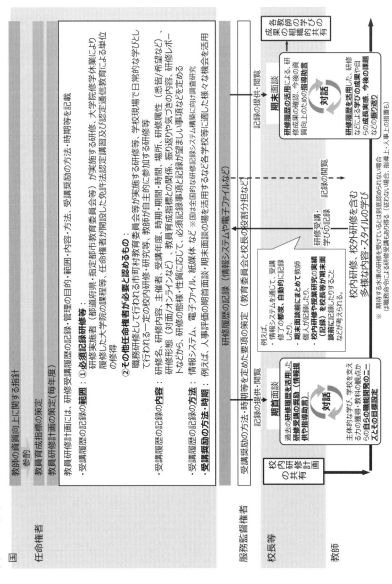

（出典）　執筆者作成

図3　新たな研修の仕組み（県費負担教職員の場合）

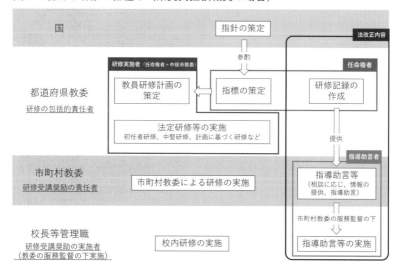

（出典）　中央教育審議会「令和の日本型学校教育」を担う教師の在り方特別部会（第 7 回）・基本問題小委員会（第 7 回）・初等中等教育分科会教員養成部会（第 130 回）合同会議資料：文部科学省（mext.go.jp）参考資料 1 - 1

ともに、教育公務員特例法第 20 条第 2 項の指導助言者が、これを活用して同法第 22 条の 6 の資質の向上に関する指導助言等を行うことなどの制度が創設されたところです（**図 2、図 3**）（Q 41～Q 43 参照）。

このほか、法律上に位置付けられた研修制度として、

①長期間にわたり企業等に派遣して行われる長期社会体験研修などの長期研修（教育公務員特例法第 22 条第 3 項）

②指導が不適切な教員に対する指導改善研修（同法第 25 条）

③専修免許状の取得を目的として、教師としての身分を保有したまま、国内外の大学院等において長期にわたり修学する大学院修学休業（同法第 26 条）

④他の地方公務員と同様に、地方公務員としての身分を保有したまま、自発的な大学等の課程の履修又は国際貢献活動を行うことができる自己啓発等休業（地方公務員法第 26 条の 5 ）

などがあります。

3　校長及び教員としての資質の向上に関する指標

　教師は、高度専門職業人として、自律的に学ぶ姿勢を持ち、時代の変化や自らのキャリアステージに応じて求められる資質能力を生涯にわたって高めていくことが求められています。教師が教職キャリア全体を俯瞰しつつ、現在自らが位置する段階において身に付けるべき資質や能力の具体的な目標となり、かつ、教師一人一人がそれぞれの段階に応じて更に高度な段階を目指し、効果的・継続的な学習に結び付けることが可能となるよう、任命権者である教育委員会は、関係する大学等とともに組織する協議会における協議を経た上で、その地域の実情に応じ、校長及び教員の職責、経験及び適性に応じて向上を図るべき校長及び教員としての資質に関する指標を定めるものとされています（教育公務員特例法第22条の3）。

　具体的には、教師の職責、経験と適性に応じた成長段階ごとに、教科指導力、生徒指導力、学級経営力や地域と連携する力といった能力や資質の目安が各地域の実情に応じて設定されています。

　なお、指標を策定する際には、全国的な見地から教師等の資質の向上に当たり配慮しなければならない事項などについて文部科学大臣が定める指針を参酌しなければならないこととなっています。

4　教員研修計画

　任命権者である教育委員会は、上記の指標を踏まえ、校長と教師の研修について、毎年度、体系的かつ効果的に実施するための計画（教員研修計画）を定めるものとされています。教員研修計画においては、おおむね、

　①研修実施者（※中核市の県費負担教職員などの場合を除き、基本的には任命権者となる教育委員会を指す）が実施する初任者研修、中堅教諭等資質向上研修その他の研修（研修実施者実施研修）に関する基本的な方針

②研修実施者実施研修の体系に関する事項

③研修実施者実施研修の時期、方法及び施設に関する事項

④研修実施者が指導助言者として行う資質の向上に関する指導助言等の方法に関して必要な事項

⑤その他研修を奨励するための方途に関する事項

などを定めることとされています（教育公務員特例法第22条の4）。

5　初任者研修

　教師の研修の中でも、新任教師の時期は教師としての資質能力の基礎を培う上で極めて重要であることから、新任の教師に対して、実践的指導力と使命感を養うとともに幅広い知見を得させることを目的として、その採用の日から1年間の職務の遂行に必要な事項に関する実践的な研修として、初任者研修制度が設けられています（教育公務員特例法第23条）。

　初任者研修については、従前、文部科学省から、その実施時間や日数について目安（校内研修について週10時間以上、年間300時間以上、校外研修について年間25日以上）が示されていましたが、夏季等の長期休業期間における初任者研修の実施時間及び日数の弾力化も含め、必ずしもこの目安どおりに実施する必要はないこととされています。

6　中堅教諭等資質向上研修

　教師は、一般に初任者段階から中堅段階に進んでいく期間において、様々な経験を通じて、教科指導や生徒指導等に関し、基礎的・基本的資質能力を確保し、向上させるとともに、各人の得意分野づくりや個性の伸長を図り始めていくとされています。このため、個々の能力、適性等に応じて、教育活動その他

の学校運営の円滑かつ効果的な実施において中核的な役割を果たすことが期待される中堅の教師としての職務を遂行する上で必要とされる資質の向上を図ることを目的として、中堅教諭等資質向上研修が制度化されています（教育公務員特例法第24条）。

　平成29年度に中堅教諭等資質向上研修に見直される前の10年経験者研修では、在職期間が10年に達した後に行われ、その実施時間や日数について、夏季・冬季の長期休業期間等に20日程度、教育センター等において実施するという目安が示されていましたが、中堅教諭等資質向上研修では、実施年次に制限を設けないこととされ、実施時間や日数の目安も示されず、任命権者が弾力的に設定することとされています（元文科初第393号令和元年6月28日通知）。

7　その他公立学校で行われる研修

　公立学校では、法定研修である初任者研修、中堅教諭等資質向上研修などのほか、任命権者である都道府県教育委員会等が定める教員研修計画に基づき、
　　・5年経験者研修、20年経験者研修などの教職経験に応じた研修
　　・生徒指導主任研修、新任教務主任研修などの職能に応じた研修
　　・大学院・民間企業等への長期派遣研修
　　・教科指導や生徒指導等に係る専門的な知識・技能に関する研修
など様々な研修が体系的・計画的に実施されています。また、都道府県教育委員会等が、指導が不適切であると認定した教師に対しては、その能力、適性等に応じて、当該指導の改善を図るために、指導改善研修が実施されています（教育公務員特例法第25条）。

　このような都道府県教育委員会等が実施する研修のほか、独立行政法人教職員支援機構が行う中央研修や市町村教育委員会が行う研修、大学・教職大学院が行う講習・講座、教科研究会などの団体が行う研修など、様々な主体により

研修機会が提供されています。

　さらに、各学校では、それぞれの学校教育課題に対応した日常的・組織的な学びとして、校内研修や授業研究などの実践的な研修・研究が実施されています。

8　都道府県教育委員会と市町村教育委員会との関係

　公立学校における法定研修や教員研修計画に基づく研修など研修の中核的な実施主体は、任命権者である都道府県教育委員会等（ただし、幼保連携型認定こども園の場合は、その地方公共団体の長。以下同じ。）とされています。この点、市町村立学校の教職員は市町村の公務員であり、本来その給与は市町村が負担するのが原則ですが、市町村立学校職員給与負担法により、都道府県が義務教育諸学校の教師の給与を負担する県費負担教職員制度が設けられています。この県費負担教職員の研修に関しては、市町村教育委員会も行うことができるとともに、市町村教育委員会は都道府県教育委員会が行う県費負担教職員の研修に協力しなければならないとされています（地方教育行政の組織及び運営に関する法律第45条第1項）。

　＜参考資料＞
○初任者研修の弾力的実施について（通知）（30文科初第493号平成30年6月26日）⇒206ページ参照
○学校における働き方改革の推進に向けた夏季等の長期休業期間における学校の業務の適正化等について（通知）（元文科初第393号令和元年6月28日）⇒209ページ参照

II　Q&A

1

学校現場のニーズに対応するために活用できる免許制度

Q01 プログラミングや英会話のように、教科の指導の一部を免許状を持っていない方にお願いしたいのですが、どのような方法がありますか。

A

　免許法は、「教育職員は、この法律により授与する各相当の免許状を有する者でなければならない。」（免許法第3条第1項）と定めています。そのため、教科の指導の全体を行う場合には学校種や教科に相当する免許状が必要です。

　教科の指導を行うということは、例えば、教壇に立って授業を行うというだけでなく、その教科全体の授業計画の作成や、児童生徒の成績評価を行うことが含まれます。

　これに対して、教科の指導の一部については、次のように、免許状がない方にお願いすることもできる場合があります。

1　教科の領域の一部の指導をお願いする場合

　特別非常勤講師制度を活用する場合には、免許状がなくても非常勤の講師と

して教科の領域の一部であれば教授や実習を担任することが可能となります（免許法第3条の2）。

「教科の領域の一部」とは、例えば、小学校の各教科において行われるプログラミング教育[注]や、中学校や高等学校の英語のうち英語コミュニケーションのような教科のうちの科目や単元などです。また、外国語活動、道徳、総合的な学習（探究）の時間、クラブ活動の一部も含まれます（免許法施行規則第65条の8）。

この場合、「教授又は実習を担任する」とは、教科の領域の一部について、単独で授業計画を作成して授業を行い、その授業内容について児童生徒の評価を行うことができることを意味します。

なお、特別非常勤講師に指導をお願いする場合であったとしても、教科全体の授業計画や成績評価についてはその教科を担当する教師が行わなければなりません。特別非常勤講師はあくまで教科の一部を切り出して単独で授業等を行うことができる制度であることに留意が必要です。

特別非常勤講師を活用する場合は、特別非常勤講師を活用する学校が市町村教育委員会等を通じて、都道府県教育委員会に届け出る必要があります（届出の内容については、免許法施行規則第65条の9を参照）。

こうした特別非常勤講師は全国で年間約2万件の届出があり、地域の特徴等を踏まえた有効な活用が図られています。

2　ゲストスピーカーやティームティーチングとして授業をお願いする場合

例えば、免許状を持っていない方をゲストスピーカーとして呼び、教師が立ち会いの下授業が行われる場合や、ティームティーチングにより教師とともに授業が行われる場合もあります。この場合の授業については、教師が責任を負っています。つまり、その授業計画は、教師が作成し、児童生徒の評価も教師が行うこととなります。この場合には、特別非常勤講師とは異なりますので、届出などは必要なく、各学校の判断で行うことができます。

（注）　小学校学習指導要領（平成 29 年告示）総則において、各教科等の特質に応じて、「プログラミングを体験しながら、コンピュータに意図した処理を行わせるために必要な論理的思考力を身に付けるための学習活動」を計画的に実施することを明記。

Q02　遠隔地にいる方にオンラインで授業をしてもらう場合に、どのような教師の体制で行う必要がありますか。

A

　遠隔地にいる方にオンラインで授業をしてもらう場合には、児童生徒のいる教室等の場所（受信側）と指導する方がいる場所（配信側）のどちらがその教科の指導に責任を持つのか、つまり、どちらが授業計画を作成し、児童生徒の評価等を行うかによって、配信側と受信側で備えなければならない体制が異なります。

1　受信側がその教科の指導に責任を持つ場合

　この場合には、受信側で児童生徒の指導を行う方が学校種や教科に相当する免許状を有している必要があります。配信側は、依頼された時間の授業を行うことだけを担当し、その時間の授業については、受信側の教師が責任を負っています。そのため、配信側の方は、授業の教科に相当する免許状を持つ必要はありません。これは、ゲストスピーカーと同じ扱いになります（Q 01 参照）。

2　配信側がその教科の指導に責任を持つ場合

　この場合には、配信側で指導を行う方が学校種や教科に相当する免許状を有している必要があります。受信側は、児童生徒のサポートをする方として、免許状を持った教師を配置する必要があります。ただし、受信側の教師は、サ

ポートを行う役で、授業に責任を負うわけではありませんので、授業の教科に相当する免許状を持つ必要はありません。

　なお、病気療養中の児童生徒等に対して病室等において遠隔教育を行う場合には、受信側に免許状を有する教師の配置は必ずしも必要としていません。これは、病気療養中の児童生徒等の教育機会の確保や学習意欲の維持・向上、学習や学校生活に関する不安感が解消されることにより円滑な復学につながるなどの効果が見受けられることによる特例的な措置です。

　この場合、受信側は、学校と保護者が連携・協力し、病気療養中の児童生徒の状態等を踏まえ、体調の管理や緊急時に適切な対応を行うことができる体制を整えることや、小・中学校では同時に授業を受ける人数を原則 40 人以下にすることなどの要件があります。

　詳しくは、下記の参考資料を参照してください。

＜参考資料＞
○高等学校等におけるメディアを利用して行う授業の実施に係る留意事項（通知）
　（27 文科初第 289 号平成 27 年 4 月 24 日）⇒144 ページ参照
○小・中学校等における病気療養児に対する同時双方向型授業配信を行った場合の
　指導要録上の出欠の取扱い等について（通知）（30 文科初第 837 号平成 30 年 9 月
　20 日）⇒146 ページ参照

Q03　日本語指導の必要な児童生徒のために、日本語教師の方にも加わってもらい、特別の日本語指導を行いたいのですが、どのような体制で行う必要があるでしょうか。

A

　日本語指導が必要な児童生徒に対して通常の授業以外に特別な日本語指導を行うには、特別の教育課程として行う方法と、学校の教育課程とは別に、放課後などに行う方法があります。

1　特別の教育課程として行う場合

　日本語指導が必要な児童生徒に対しては、通常の教育課程とは別に特別の教育課程を編成して授業を行うことができます（学校教育法施行規則第56条の2、第79条、第86条の2等）。この特別の教育課程の編成は、学校単位で校長の責任の下に行われ、児童生徒の日本語能力を高める指導のみならず、日本語能力に応じて行う各教科等の指導も含むものです。この場合の各教科等の指導は、児童生徒の在籍する学年の教育課程に必ずしもとらわれることなく、学習到達度に応じた適切な内容とすることが必要です。

　日本語指導が必要な児童生徒に特別の教育課程により指導を行うに当たっては、免許状を有する教師を中心に、児童生徒の実態の把握や指導計画の作成、日本語指導等や学習評価を行うものとし、必要に応じて日本語指導や教科指導等の補助、児童生徒の母語による支援を行う方を配置することが必要です。なお、免許状を有する教師については、その免許状の教科以外の教科についても授業を行うことが可能ですが、日本語の指導に関する知識や経験があることが望ましいです。

　また、日本語指導は、児童生徒の在学する学校において行うことを原則としていますが、指導者の確保が困難である場合等は、他の学校での指導も可能なため、近隣の複数校において適切な体制を構築することも考えられます。

2　教育課程とは別に行う場合

　放課後等を活用して、教育課程外で必要な教育を行う場合は、学校の教育課程の指導ではありませんので、免許状を有する教師以外の方、例えば、日本語教師の資格や日本語指導の経験のある方に指導してもらうこともできます。

　＜参考資料＞
○学校教育法施行規則の一部を改正する省令等の公布について（通知）（3文科教第1485号令和4年3月31日）⇒ 147ページ参照
○学校教育法施行規則の一部を改正する省令等の施行について（通知）（25文科初第928号平成26年1月14日）⇒ 148ページ参照

Q04　民間企業出身の方に学校の経営に携わってもらいたいのですが、免許状を持っていなければ校長、副校長、教頭にはできないのでしょうか。

A

　免許法は、「教育職員は、この法律により授与する各相当の免許状を有する者でなければならない。」（免許法第3条第1項）と定めています。そして、この免許状を有する者でなければならない「教育職員」は、免許法第2条第1項に定められていますが、校長、副校長と教頭は該当しませんので、免許状を持っていなければならないわけではありません。

　ただし、学校教育法施行規則に校長、副校長、教頭になることができる方の要件が定められていますので、次のいずれかに該当する必要があります（学校教育法施行規則第20条、第21条、第22条、第23条）。

　①専修免許状又は一種免許状（高等学校及び中等教育学校の校長については専修免許状）を有し、かつ、教育に関する職に5年以上ある者
　②教育に関する職に10年以上ある者

③学校の運営上特に必要がある場合には、①②の資格を有する者と同等の資
　質を有すると認める者

④私立学校の場合には、①②の要件により難い特別の事情のあるときは、5
　年以上教育に関する職又は教育、学術に関する業務に従事し、かつ、教育
　に関し高い識見を有する者

　このうち③④の要件は、学校の設置者の判断となりますので、学校の設置者
がこれらに該当すると認める方であれば、免許状を持っていない方でも校長、
副校長、教頭になることができます。

　なお、副校長や教頭が、教諭も併任して児童生徒に教科指導等を行う場合も
ありますが、この場合には、教諭として職務を行うために免許状が必要となり
ます。「免許状が必要ない」というのは、校長、副校長、教頭としての職務に
は必要ない、ということであり、同じ人が、校長、副校長、教頭に加えて、教
諭を兼ねている場合には、教諭としての立場で免許状が必要です。

＜参考資料＞
○学校教育法施行規則の一部を改正する省令等及び学校教育法施行令第8条に基づ
　く就学校の変更の取扱いについて（17文科初第1138号平成18年3月30日）

Q05 教職課程を修了していませんが、高い専門知識を持っている方を教師として採用したいのですが、どのような方法があるのでしょうか。

A

　大学で教職課程を履修していないものの、優れた知識技能等を有する方々を迎え入れる制度として、1　特別免許状制度、2　特別非常勤講師制度があります。

1　特別免許状制度

　特別免許状は、（2）（3）で説明するように、教職課程を修了して取得する普通免許状とは取得の方法が異なりますが、普通免許状と効力はほぼ同じです。このため、学校で普通免許状を有する方と同じ役割を担ってもらうことができます。

（1）特別免許状の効力

　特別免許状は各都道府県教育委員会の判断で授与されるものであるため、その都道府県内でのみ効力が認められています（免許法第9条第2項）。この点は普通免許状とは異なりますが、それ以外の効力については普通免許状と違いはなく、免許状の有効期間もありません。

　また、構造改革特別区域法第19条第1項の規定に基づき内閣総理大臣の認定を受けた市区町村教育委員会については、その市区町村が給与等を負担し教育職員に任命しようとする場合等においては、その市区町村の域内でのみ有効な免許状を授与することが可能です。

　免許状の種類としては、中学校と高等学校だけではなく小学校の免許状でも教科に分かれており、教科に区分されていない幼稚園については特別免許状の対象とはなっていません（免許法第4条第6項）。特別支援学校についても特別免許状がありますが、専門的な知識技能を背景とした理療（あん摩、マッ

サージ、指圧等に関する基礎的な知識技能の修得を目標とした教科を指します。）、理学療法、理容その他の職業についての知識技能の修得に関する教科及び自立教科が対象となっています（免許法第4条の2第3項）。

（2）特別免許状を取得するために必要な要件

免許法第5条第3項では、特別免許状の授与に必要な教育職員検定について、①担当する教科に関する専門的な知識経験又は技能を有する者、②社会的信望があり、かつ、教員の職務を行うのに必要な熱意と識見を持っている者のいずれにも該当することを求めていますが、その具体的な審査基準は、各都道府県において策定しています。

一方、特別免許状の授与件数は一定程度増加しているものの、授与される学校種、教科等の偏りや、教職課程を経て取得する普通免許状との同等性を過剰に重視する自治体の存在等の課題も指摘されています。

このため、文部科学省においては、令和3年5月に「特別免許状の授与に係る教育職員検定等に関する指針」を改訂し、特別免許状の一層の活用を促しています。

具体的には、従来の指針では①学校又は在外教育施設等において教科に関する授業に携わった経験（最低1学期間以上にわたりおおむね600時間以上）、又は、②教科に関する専門分野に関する企業、外国の教育施設等でのおおむね3年以上の経験等のいずれかを求めていました。改訂後は、①のうち600時間以上との要件を削除するとともに、②については、ＮＰＯ等での勤務経験も加味することを明記しました。また、オリンピック等国際大会の出場者や、芸術分野での国際的なコンクールや展覧会等への参加者・出展者、博士号の取得者については、「教科に関する専門的な知識経験又は技能を有する者」との要件に該当する旨を明記しました。

なお、文部科学省は、特別免許状の授与を希望する者の予見性を高める観点から、各自治体に対し、授与基準や手続の透明化を求めています。

（3）取得するための手続

　教育職員検定は、教育職員に任命し、又は雇用しようとする者（任命権者である教育委員会や学校法人、国立大学法人）の推薦に基づいて行うこととされています（免許法第5条第3項）。

　また、教育職員検定の合格決定をしようとする際には、あらかじめ、学識経験を有する者（大学の学長、教職課程を有する学部の学部長、校長等）の意見を聴く必要があります（免許法第5条第4項、免許法施行規則第65条の4）。ただし、その方法については、面接等に限らず、各都道府県教育委員会が適切と認める場合には、書面による確認なども許容されます。

　なお、教育職員検定を実施する都道府県教育委員会においては、授与候補者が勤務することが予定されている市区町村教育委員会や学校法人等の推薦や要望等を十分考慮した上で審査を行うことが求められます。

2　特別非常勤講師制度

　特別非常勤講師制度とは、免許状がなくても非常勤の講師として教科の領域の一部であれば教授や実習を担任することが可能となる制度です。特別免許状は免許状の授与の手続が必要ですが、特別非常勤講師の場合は、都道府県教育委員会への届出で足ります。

　一方で、特別免許状の場合には教師としての全ての活動ができますが、特別非常勤講師として担当できるのは、小学校、中学校、高等学校、特別支援学校における全教科、外国語活動、道徳、総合的な学習の時間の領域の一部及び小学校のクラブ活動に限られます。

　特別非常勤講師制度について、詳しくは、Q 01 を参照してください。

＜参考資料＞
○特別免許状の授与に係る教育職員検定等に関する指針（令和3年5月11日文部科学省総合教育政策局教育人材政策課）⇒149ページ参照

Q06 特別支援学校の教師として配置する場合に、どのような免許状が必要ですか。

A

　特別支援学校の教師として勤務するためには、養護教諭や栄養教諭等として勤務する場合を除いては、原則として、特別支援学校の免許状（知的障害者等の特別支援教育領域に応じたもの）と特別支援学校の各部（幼稚部、小学部、中学部、高等部）に相当する学校（幼稚園、小学校、中学校、高等学校）の免許状（中学校と高等学校については対応する教科）が必要です（免許法第3条第3項）。

　ただし、特別支援学校の免許状を持っている方が十分に確保できない場合もあります。このため、当分の間の例外的な措置として、特別支援学校の免許状を有していない場合でも、幼稚園、小学校、中学校や高等学校の免許状を有する方は、特別支援学校の相当する各部の教師として勤務することができます（免許法附則第15項）。これは、例外的な措置ですので、教育委員会は、特別支援学校の免許状を持つ方を十分に確保することができるように、計画的な採用を行うことや、現職の教師に特別支援学校の免許状の取得を促していくことが大切です。

　これに加えて、以下の場合も特別支援学校の教師として勤務することができます。

①特別支援学校の免許状には、自立教科等（理療、理学療法、理容等の自立教科や自立活動）の免許状があります。自立教科等の免許状を有する方は、幼稚園、小学校、中学校や高等学校の免許状を有しなくても、自立活動等の教授を担任することができます（免許法第3条第3項）。

②知的障害のある幼児児童生徒の教科（自立教科等を除きます。）等を指導する教師の免許状については、特別支援学校の各部（幼稚部、小学部、中学部、高等部）や教科に相当する学校の免許状でなくてもよいこととされています。つまり、特別支援学校の免許状に加えて、幼稚園、小学校、中

学校や高等学校のいずれかの免許状を有する方であれば、指導することができます（免許法第17条の3）。

　なお、特別支援学校でも特別非常勤講師制度を活用することができますので、教育委員会に届出を行うことで、教科や自立教科等の領域の一部を担当する非常勤講師として勤務することができます（免許法第3条の2第1項第6号）。特別非常勤講師制度について、詳しくはQ 01を参照してください。

Q 07　幼保連携型認定こども園で勤務する方には、どのような免許状や資格が必要ですか。

A

　幼保連携型認定こども園は、学校教育と保育を一体的に提供することとされていますので、そこで勤務する保育教諭になるためには、幼稚園の免許状と保育士資格の両方を有することを原則としています。

　ただし、幼保連携型認定こども園の仕組みがスタートするに当たり、保育教諭を確保することができるように、令和7年3月末までは、幼稚園の免許状か保育士資格のどちらかを持っていればよいこととされています。

　この、どちらか一方を持っていればよいというルールは令和7年3月末までの特例です。このため、保育教諭として働くことを希望する方は、幼稚園の免許状と保育士資格の両方を取るようにしてもらうとともに、幼保連携型認定こども園では、両方を取得できるように機会を設けることが望まれます。このため、幼稚園の免許状と保育士資格を取りやすくする特例もあります。この特例については、Q 28を参照してください。

Q08　代わりの教師が急に必要になり、受け持ってもらいたい教科や学校種に合う免許状を持っていない方に一時的に指導をお願いしたいのですが、何か方法はあるのでしょうか。

A

　学校現場において、例えば教師の育児休業等により欠員が生じた場合、代替として勤務する方については、必要な普通免許状を有する方を採用することが原則です。しかしながら、必要なとき、必要な地域において、必要な教科の免許状を有する方が、教師として勤務できる状態に常にあるわけではありません。合理的な範囲（過重な負担とならない水準）の努力を行っても、必要な普通免許状を有する方を採用できない場合には、臨時免許状を活用することや「免許外教科担任制度」を活用することが考えられます。

1　臨時免許状

　臨時免許状は、普通免許状を有する者を採用することができない場合に限り、授与権者である都道府県教育委員会が実施する教育職員検定に合格した者に授与される、助教諭の免許状です（免許法第4条第4項、第5条第5項）。臨時免許状は、授与された都道府県内においてのみ有効であり、有効期間は原則として3年間です（免許法第9条第3項）。

　深刻化している小学校における教師不足への対応として、例えば、中学校の普通免許状を有する方に小学校の臨時免許状を授与するなどの活用方法も考えられますが、引き続き、制度の趣旨にのっとり安易な授与を行うべきではないことに留意が必要です。

2　免許外教科担任制度

　免許外教科担任制度は、特定の教科に相当する免許状を有する中学校、高等学校等の教師が採用できない場合の例外として、1年以内の期間、当該教科の

免許状を有しない教師が当該教科の教授を担任することが可能となる制度です（免許法附則第2項）。この制度を利用するためには、校長と教授することとなる教師が、授与権者である都道府県教育委員会に申請し、許可を得ることが必要です。この申請手続については、免許法施行規則附則第18項を参照してください。

　この制度も、相当免許状主義の例外として位置付けられるものであり、安易に許可するべきものではないことに留意が必要です。

3　臨時免許状と免許外教科担任制度の運用に当たっての留意事項

　授与権者である都道府県教育委員会は、臨時免許状の授与に際しての教育職員検定を実施するに当たって、また、免許外教科担任制度に基づく許可を行うに当たって、これらの仕組みが真に必要な場合に適切に活用されることを担保するために、あらかじめ適切な基準を定めておくことが求められます。基準の策定に当たっては、「免許外教科担任の許可等に関する指針」（平成30年10月5日文部科学省初等中等教育局教職員課）を参照してください。

　また、臨時免許状をもって採用される方については、一般的に教職に関する知識技能に通じていないことがあること、免許外教科を担任する方については、学校段階に共通の知識技能は身に付けているものの、その教科の専門的な内容や指導法については修得していないことが想定されます。こうした状況に対応した適切な研修機会を都道府県教育委員会のみならず、学校単位でも設けることも重要です。

＜参考資料＞
○免許外教科担任の許可等に関する指針（平成30年10月5日文部科学省初等中等教育局教職員課）⇒158ページ参照

Q 09　中学校や高等学校の免許状を有している方に小学校で教科の指導を行ってもらうことができるのでしょうか。また、教科の指導だけでなく学級の担任もしてもらうことができるのでしょうか。

A

　免許状は学校種と教科に応じて授与されるものであり、原則として、有する免許状の学校種と教科の範囲でしか教授することができません（免許法第3条）。この特例として中学校や高等学校の免許状を有している場合には、免許状の教科に相当する教科その他教科に関する事項について小学校で教えることができます（いわゆる「専科教員」）。

　「相当する教科」については、例えば中学校や高等学校の数学の免許状を有している場合は小学校の算数を、国語の免許状を有している場合は小学校の国語を教えることができます。また、高等学校の地理・歴史の免許状を有している場合は、小学校の社会のうち地理・歴史に相当する部分について教えることができます。このように、有する免許状の教科の内容に応じて小学校での教科の全部又は一部の授業ができることとなっています（免許法第16条の5第1項）。

　「その他教科に関する事項」については、道徳、特別活動、総合的な学習の時間等があり、中学校や高等学校の免許状を有していれば小学校の学級担任が担当するこれらの指導を行うことが可能です。しかしその場合は、当該教師を任命又は雇用する教育委員会や学校法人において、必要な研修を実施する努力義務があります（免許法施行規則第66条の3）。

　各学校種の免許状で指導することができる範囲については、47ページの表を参照してください。

所有する免許状等の種類＼担任が可能な学校種及び教科等	幼	小					中				高		
		各教科	道徳	外国語活動	総合的な学習の時間	特別活動	各教科	道徳	総合的な学習の時間	特別活動	各教科	総合的な探究の時間	特別活動
幼稚園のみ	○	×	×	×	×	×	×	×	×	×	×	×	×
小学校のみ	×	○	○	○	○	○	×	×	×	×	×	×	×
中学校のみ	×	△	○	△	△	○	○	○	○	○	×	×	×
高校のみ	×	△	○	△	△	○	▲	×	▲	×	○	○	○

△：中学校又は高等学校の教諭の免許状を有する者は、小学校、義務教育学校の前期課程において、所有免許状に相当する教科の担任や、総合的な学習の時間における所有する教科に関する事項の担任が可能です（免許法第16条の5第1項）。小学校の外国語活動の担任は、英語の免許状を所有する者のみ可能です（免許法第16条の5第1項）。

▲：高等学校の工芸、書道、看護、情報、農業、水産、商船、商業、工業、福祉実習、看護実習、情報実習、農業実習、商船実習、商業実習、工業実習、福祉実習、計算実務、情報処理、デザイン、インテリア、建築、測量、土木、製図、農業、水産、工業の各教科の教諭の免許状を所有する者は、中学校、義務教育学校の前期課程において、所有する免許状に相当する教科の担任が可能です（免許法16条の5第2項）。

（出典）教員免許制度の概要（令和4年7月28日版）（mext.go.jp）

Q10　複数の教科を横断したような教科や学校が独自に設定した科目を指導するためには、どのような免許状が必要でしょうか。

A

　免許法で定められている免許状の教科は学習指導要領で定められている教育課程の教科に対応しています。しかし、学校教育の個性化や多様化を図る目的で導入された高等学校の総合学科の授業科目や、生徒や学校、地域の実態や特色等に応じた教育が行えるようにする目的で導入された学校設定教科や学校設定科目^(注)のように、必ずしも学習指導要領で定められている教科に対応しない教科・科目を学校の判断で設定することもできるようになっています。このような教科・科目については、学習内容と関連の高い教科の免許状を有する方が指導することとなります。

　例えば、総合学科を設置する高等学校においては、「産業と人間」が必履修とされており、その内容のうち、免許法に定められる特定の教科に相当しないものは免許状の教科を問わず指導することができるものとし、特別な知識・技術を必要とする内容の学習を行う場合には当該学習内容と関連の高い教科の免許状を有する方が中心となり、複数の教師によるティームティーチングによって指導するものとされています（総合学科について（通知）（文初職第203号平成5年3月22日）を参照）。

　また、複数の教科を横断した教科や学校が独自に設定した教科・科目などを教える場合には、これらの教科や科目に相当する教科の免許状を有する教師が教えることとなります。例えば、高等学校において新設された「理数」については、理数数学や理数物理、理数化学、理数生物などの科目で構成されていることから、高等学校の数学や理科の教科の免許状を有する教師によって授業を行うこととなります。

　また、学校設定教科・科目についても、その教科・科目の内容に応じて、関連の高い教科の免許状を有する教師によって授業を行うこととなっています。

＜参考＞教育課程上の教科と免許状の教科の考え方（高等学校）

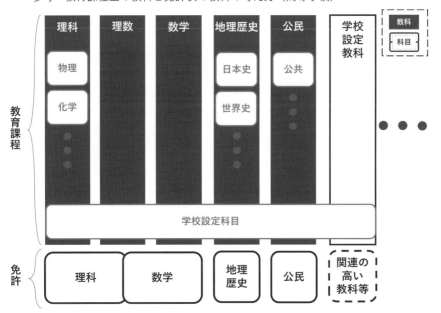

（出典）　中央教育審議会「令和の日本型学校教育」を担う教師の在り方特別部会基本問題小委員会
（第 5 回）会議資料：文部科学省（mext.go.jp）資料 1 - 1

（注）　学校設定教科・学校設定科目

　　　　高等学校学習指導要領には、教育課程を構成する教科とそれに属する科目
　　が示されていますが、生徒や学校、地域の実態及び学科の特色等に応じ、特
　　色ある教育課程の編成に資するよう、各学校において、これらの教科・科目
　　以外の独自の教科・科目を設定することができます。

＜参考資料＞
○総合学科について（通知）（文初職第 203 号平成 5 年 3 月 22 日）⇒162 ページ参
　照

2

大学で教職課程の授業科目を
準備する場合に関係する免許制度

Q11 教職課程を設置したい場合は、どうしたらよいでしょうか。

A

　幼稚園、小学校、中学校、高等学校及び特別支援学校の教諭、養護教諭並びに栄養教諭の免許状の授与を受けようとする方が、大学において所要の単位を修得する場合、原則として、文部科学大臣が適当と認める課程において単位を修得する必要があります（免許法別表第 1 備考第 5 号イ）。

　このため、教員の免許状授与の所要資格を得させるための課程（教職課程）の認定（教職課程認定）を受けたい大学は、免許法別表第 1 備考第 5 号イ及び免許法施行規則第 21 条の規定により、文部科学大臣に申請を行う必要があります。申請期日は、教職課程の開設前年の 3 月 31 日とされることが通例ですが、状況によっては変動することがあるので、毎年度確認が必要です。

　文部科学大臣は、申請を受け付けた後、中央教育審議会に諮問を行います。その後、初等中等教育分科会教員養成部会に置かれた課程認定委員会で、申請された内容について審査が行われ、中央教育審議会の答申に基づき認定をする

かどうかが決定されます。

　この審査は、免許法、免許法施行規則と教職課程認定基準（平成13年7月19日教員養成部会決定）等に基づいて、以下のような事項について行われます。

①学科等と免許状との関係

　当該学科等の目的、性格及び教育課程と認定を受けようとする免許状との相当関係が適当であるか。

②教育課程

　免許法施行規則に定める科目について、教職課程認定基準を踏まえ十分な科目が開設されているか。

③教員組織

　教職課程認定基準上必要な専任教員数が確保されているか。専任・兼担・兼任教員について担当する授業科目に関連する分野の業績及び実績を有し、当該科目を担当するために十分な能力を有しているか。

④施設、設備

　科目に必要な施設、設備、図書等が十分に備えられているか。

⑤教育実習

　入学定員に応じ必要な規模の教育実習校が確保されているか。教育実習実施計画が周到であり、十分な教職指導体制が整備されているか。

　課程認定の申請手続及び提出すべき書類等については、毎年度、文部科学省ウェブサイトに「教職課程認定申請の手引き」が掲載されるので、申請に当たってよく確認してください。

Q12 免許法施行規則の表では、「科目」ごとに「最低修得単位数」と「各科目に含めることが必要な事項」とが定められていますが、「各科目に含めることが必要な事項」ごとに何単位履修しなければならないのかなど、履修の仕方に何かルールはあるのでしょうか。

A

1 単位を修得することができる大学等

「科目」や「最低修得単位数」等の内容に入る前に気を付けるべきことは、免許状の取得に必要な単位数をどこで修得するかということです。免許状は学位と最低修得単位数によって取得することが可能ですが、修得する単位は免許状の種類に応じて異なっており、専修免許状は大学院、一種免許状は大学、二種免許状は短期大学と、対応する大学等で修得することが標準となっています。ただし、例えば、小学校の専修免許状の取得に必要な単位数は83単位ですが、一種免許状の取得に必要な59単位までは、大学院ではなく大学で修得することができることとなっているように、免許状の取得に必要な単位を全て対応する大学等で修得する必要はなく、下位の免許状の単位数までは、下位の免許状に対応する大学等で修得することが可能です。

2 単位の修得方法における「科目」や「最低修得単位数」、「各科目に含めることが必要な事項」の関係について

単位の修得方法については、以下の三つの基本的なルールに留意する必要があります。

①「各科目に含めることが必要な事項」はその記載内容を全て満たすこと。その際には、「教育課程の意義及び編成の方法（カリキュラム・マネジメントを含む。）」の事項のカッコの内容も含めて修得する必要があること。

②最低修得単位数は科目ごとに定められており、科目ごとに最低修得単位数を満たす必要があること。

③原則として「各科目に含めることが必要な事項」ごとに必要な単位数は決まっていないが、例外的に下記の（1）（2）のように個別に最低修得単位数が決まっている事項があり、その事項は最低修得単位数を満たす必要があること。

（1）「教科及び教科の指導法に関する科目」の履修方法

「教科（領域）に関する専門的事項」は、小学校の場合、10教科のうち1教科以上修得することが必要ですが、単位数は決まっていません。また、幼稚園の場合の「領域に関する専門的事項」は、幼稚園教育要領に定める五つの領域のうち1以上の科目について修得することが必要です。

　一方で中学校と高等学校は、取得予定の免許状の教科について1単位以上修得することが必要です。また、教科ごとに履修が必要な事項が免許法施行規則の表の備考に定められており、その全てを履修する必要があります。例えば中学校の国語の免許状を取得する場合は、国語学、国文学、漢文学、書道の内容を含んでいる必要があります。

「各教科の指導法（情報通信技術の活用を含む。）」は、小学校の場合、一種免許状は10教科全て（二種免許状の場合は6教科以上）について教科ごとに1単位以上の履修が必要とされ、中学校と高等学校の場合、取得予定の免許状の教科について、中学校の専修免許状・一種免許状では8単位（二種免許状では2単位）、高等学校の専修・一種免許状については4単位と最低修得単位数が定められています（免許法施行規則第3条第1項の表備考第3号及び第4条の表備考第6号）。

（2）「教育の基礎的理解に関する科目」、「道徳、総合的な学習の時間等の指導法及び生徒指導、教育相談等に関する科目」、「教育実践に関する科目」の履修方法

　原則として「各科目に含めることが必要な事項」ごとに単位数は決まっていませんが、いくつかの「各科目に含めることが必要な事項」については、最低

「各科目に含めることが必要な事項」のうち最低修得単位数等が定められているものの整理（一種免許状の場合）

	「教科及び教科の指導法に関する科目」	「教育の基礎的理解に関する科目」、「道徳、総合的な学習の時間等の指導法及び生徒指導、教育相談等に関する科目」
幼稚園	●領域に関する専門的事項 　1以上の科目	●特別の支援を必要とする幼児、児童及び生徒に対する理解 　1単位以上
小学校	●教科に関する専門的事項 　10教科のうち1以上の科目 ●各教科の指導法 　10教科全て1単位以上	●特別の支援を必要とする幼児、児童及び生徒に対する理解 　1単位以上 ●道徳の理論及び指導法 　2単位以上
中学校	●教科に関する専門的事項 　1単位以上 ●各教科の指導法 　8単位以上	●情報通信技術を活用した教育の理論及び方法 　1単位以上
高等学校	●教科に関する専門的事項 　1単位以上 ●各教科の指導法 　4単位以上	●特別の支援を必要とする幼児、児童及び生徒に対する理解 　1単位以上 ●情報通信技術を活用した教育の理論及び方法 　1単位以上

修得単位数が定められているものがあります。

・「教育の基礎的理解に関する科目」

　「特別の支援を必要とする幼児、児童及び生徒に対する理解」については、1単位以上修得する必要があります（免許法施行規則第2条第1項の表備考第3号）。

・「道徳、総合的な学習の時間等の指導法及び生徒指導、教育相談等に関する科目」

　「道徳の理論及び指導法」は2単位以上（二種免許状の場合は1単位以上）修得する必要があります（高等学校は除く。）。また、「情報通信技術を活用した教育の理論及び方法」については、1単位以上修得する必要が

あります（免許法施行規則第3条第1項の表備考第4号及び第4号の2）
（詳細についてはQ15を参照）。

・「教育実践に関する科目」

　「教育実習」「教職実践演習」についてはそれぞれの最低修得単位数が定
められています。

　「教育実習」については、その最低修得単位数のうち、1単位は教育実
習に係る大学等での事前と事後の学習を含むこととされています。また、
教育実習以外の学校体験活動として部活動、校務補助、放課後や休日の学
習支援などについて2単位まで含むことができることとされています（免
許法施行規則第2条第1項の表備考第7号及び第8号）（詳細については
Q17を参照）。

　各科目、事項の履修の仕方には、このほかに様々な例外がありますので、Ⅲ
の別表に引用した表を参照してください。

Q13　教職課程の科目を検討する際には、教職課程コアカリキュラムを参照する必要があるそうですが、これはどのようなものでしょうか。

A

　我が国の教員養成は「大学における教員養成の原則」と「開放制の原則」を
採用し、免許状の取得のためには、学位等の基礎資格を有し、文部科学大臣が
認めた大学の課程の単位を修得することが必要です（免許法第5条第1項）。
文部科学大臣が大学の課程の認定を行う際には、中央教育審議会に諮問し、免
許法、免許法施行規則と教職課程認定基準等に基づき、教育課程や教員組織等
について専門的な審査を行います（免許法施行規則第2章）。

　教職課程には、大学における教育研究の一環としての学芸的側面と同時に、
教育現場で実際に任務に当たるための実践的側面が求められますが、従来、大

学では学芸的側面が強調される傾向があり、教育現場からの種々の批判も受けてきました。こうした批判や中央教育審議会の提言等を踏まえ、免許法と免許法施行規則に基づき全国全ての大学の教職課程で共通的に修得すべき資質能力を示した「教職課程コアカリキュラム」（令和３年８月４日中央教育審議会初等中等教育分科会教員養成部会決定）が作成されました。

　例えば、「生徒指導」について、免許法施行規則では「生徒指導の理論及び方法」という事項が記載されていますが、教職課程コアカリキュラムでは「基礎的な生活習慣の確立や規範意識の醸成等の日々の生徒指導の在り方を理解している。」「校則・懲戒・体罰等の生徒指導に関する主な法令の内容を理解している。」「インターネットや性に関する課題、児童虐待への対応等の今日的な生徒指導上の課題や、専門家や関係機関との連携の在り方を例示することができる。」等と、より具体的に学生の到達目標等が記載されています。

　教職課程の認定を受けようとする大学は、教職課程コアカリキュラムの到達目標の内容が含まれるよう教育課程を編成し、文部科学大臣の課程認定の審査を受ける必要があります。更に、各大学には、教職課程コアカリキュラムの内容を満たした上で、地域や学校現場のニーズに対応した教育内容や大学の自主性や独自性を発揮した教育内容を学生に修得させることが求められます。また、教師を採用・研修する教育委員会等の学校設置者には、学生が教職課程コアカリキュラムの内容を修得していることを前提とした採用選考や研修等を行うことが求められます。

　このように、教職課程コアカリキュラムが各関係者において、広く、効果的に活用され、教職課程の質保証や教師の資質能力、ひいては我が国の学校教育の質の向上に寄与することが期待されます。

　教職課程コアカリキュラムは、学校における教育課題等を踏まえて、適宜改定されています。最新の教職課程コアカリキュラムについては、毎年度の「教職課程認定申請の手引き」を参照してください。

Q14　複合科目とは何ですか。

A

1　複合科目の内容

　複合科目（幼稚園の場合は、複合領域と呼ばれます。）は、教科及び教科の指導法に関する科目に含まれる複数の事項を合わせた内容に係る授業科目です。例えば、次のような授業科目がこれに含まれます。

● 教科に関する専門的事項と教科の指導法を合わせて一つの授業科目で扱い、教科に関する専門的な内容を、その教科の指導法と関連付けながら学ぶような授業科目

● 教科に関する専門的事項に定められている複数の事項を横断した授業科目（例えば、地理歴史の教科に関する専門的事項の中の日本史と世界史という異なる事項を関連付けて学ぶ歴史総合のような授業科目）

2　複合科目の履修方法

　複合科目は、免許状の取得に当たって法令上必ず履修しなければならない事項ではありません。履修した場合には、複合科目は教科及び教科の指導法に関する科目の単位の一部として用いることができます。

　教科及び教科の指導法に関する科目の単位は、一種免許状では中学校の場合28単位以上、高等学校の場合24単位以上、小学校の場合30単位以上修得する必要があります。そのうち、教科の指導法を一種免許状では中学校の場合8単位以上、高等学校の場合4単位以上、小学校の場合、国語、社会等の10教科それぞれについて1単位以上をそれぞれ修得しなければなりません。このため、複合科目の単位は、教科及び教科の指導法に関する科目の合計単位のうち、指導法の最低修得単位数を除いた部分に用いることができることになります。

3　複合科目の内容についての留意点

　複合科目は、同じ種類の免許状の教科及び教科の指導法に関する科目の中で複数の事項にまたがることができるものなので、異なる学校種や教科の間を飛び越えた授業科目は複合科目にはなりません。例えば、中学校・高等学校の国語と社会を合わせたような教科を横断する科目や、小学校と中学校の国語を合わせたような学校種を横断する科目は、複合科目とすることはできません。

　なお、このような中学校・高等学校で教科を横断する科目等は、複合科目ではなく、大学が独自に設定する科目とすることは可能です。

Q15　ＩＣＴを活用した指導力を身に付けさせるために、教職課程ではどのような授業科目を準備する必要があるのでしょうか。

A

　ＧＩＧＡスクール構想に基づく「１人１台端末」の実現などが進み、教育現場におけるＩＣＴ環境を活用しながら、児童生徒の個別最適な学びと協働的な学びを実現していく基盤が整いつつあります。これからの教師はこうした環境を生かして指導を行うことが求められるようになるため、教職課程においてもＩＣＴ活用指導力の向上に努めることは、より重要なテーマとなっています。

　このため、令和３年８月の免許法施行規則改正により、ＩＣＴ活用に関する内容の修得促進に向けた教職課程の見直しが行われ、令和４年４月１日の入学者から適用されています。

　小学校、中学校、高等学校の教職課程においては、道徳、総合的な学習の時間等の指導法及び生徒指導、教育相談等に関する科目に含むことが必要な事項として「情報通信技術を活用した教育の理論及び方法」が新設され、１単位の修得が必修化されました。これは、情報通信技術を効果的に活用した学習指導や校務の推進の在り方及び児童生徒に情報活用能力（情報モラルを含む。）を

育成するための指導法に関する基礎的な知識技能を身に付けるためのものとして位置付けられています。幼稚園教諭、養護教諭及び栄養教諭の教職課程においては、「教育の方法及び技術（情報機器及び教材の活用を含む。）」の中で、情報機器を活用した効果的な授業等に関する基礎的な能力を身に付けることになります。

　また、こうした中で培われた基礎的な能力を前提に、小学校、中学校、高等学校の教職課程においては、「各教科の指導法（情報通信技術の活用を含む。）」の中で、教科ごとに分化したＩＣＴ活用能力を身に付けることになります。

　これらの詳しい内容については、「教職課程コアカリキュラム」を参考にしてください。

　更に、教職課程の総仕上げとして位置付けられている「教職実践演習」においてもＩＣＴの積極的な活用を図ることが求められることになりました。

　なお、教職課程外ではありますが、免許法施行規則第66条の6の科目として「数理、データ活用及び人工知能に関する科目」又は「情報機器の操作」2単位を修得させるための授業科目を開設する必要があることにも留意が必要です。「数理、データ活用及び人工知能に関する科目」が設置されている大学においては、在学する学生に対して積極的に当該科目を修得させることが望ましいこととされています。

　教職課程を有する大学においては、ＩＣＴを活用した学習活動の意義等について学生自らが経験的に理解しておくことが重要であることを踏まえ、上記のものに限らず教職課程の授業全体でＩＣＴを積極的に活用することが期待されます。

＜参考資料＞
○教育職員免許法施行規則等の一部を改正する省令の施行等について（通知）（3文科教第438号令和3年8月4日）⇒164ページ参照

Q16　教育実習を学生に履修させる場合には、どのような点に気を付ければよいでしょうか。

A

　教育実習（養護教諭については養護実習、栄養教諭については栄養教育実習。Q17において以下同じ。）は、一定の実践的指導力を有する指導教員の下で体験を積み、学校教育の実際を体験的・総合的に理解し、教育実践と教育実践研究の基礎的な能力と態度を身に付けることを目的としており、教職を志望する学生にとって重要な機会であるといえます。

　免許法施行規則第22条の5においては、「認定課程を有する大学は、教育実習、心身に障害のある幼児、児童又は生徒についての教育実習、養護実習及び栄養教育実習（以下この条において「教育実習等」という。）を行うに当たつては、教育実習等の受入先の協力を得て、その円滑な実施に努めなければならない」と規定されています。教育実習は、学校現場において行われる活動ではありますが、大学が開設する授業科目であることから、学校や教育委員会と連携しながら、大学自らが責任を持って指導に当たることが必要です。「教職課程コアカリキュラム」や「今後の教員養成・免許制度の在り方について（答申）」（平成18年7月11日中央教育審議会）中「教育実習の改善・充実」の項目には、大学が教育実習を実施する上で留意すべき事項が記述されていますので、参考にしてください。

　ここで、いくつか留意点を説明しておきます。

1　学生の受入先の確保

　学生の受入先の確保については、学生任せにせず、大学が最終的な責任を持つことが必要です。教職に就くことを希望する出身地の母校をはじめとする学校で学生が教育実習を行うことは、早い段階から地域の教育等を知る上で有意義と考えられる一方で、母校実習は、大学から比較的遠隔地にある学校で行われることが多いため、このような場合であっても、大学の指導体制や、受入校

の評価の客観性の確保に留意することが必要です。

2　教育実習の単位数

　教育実習の単位数は、幼稚園教諭・小学校教諭・中学校教諭・養護教諭の普通免許状については5単位、高等学校教諭・特別支援学校の普通免許状については3単位、栄養教諭の普通免許状については2単位の修得が必要とされています。このうち1単位は、教育実習に係る事前及び事後の指導を含まなければなりません（免許法施行規則第2条第1項の表備考第7号）。また、免許状を取得しようとする学校等において、教師として1年以上良好な成績で勤務した経験がある場合には、その年数に応じ、他の科目の単位をもって教育実習の単位に替えることができます（免許法施行規則第2条第1項の表備考第9号、第4条第1項の表備考第8号、第7条第1項の表備考第6号及び第9条の表備考第3号）。また、部活動、校務補助、放課後や休日の学習支援などの教育実習以外の学校体験活動について、2単位まで教育実習の単位数に含むことができます（詳細についてはQ17を参照）。

3　教育実習を行うことができる学校

　教育実習については、免許状を取得しようとする学校種又はその隣接校種で行う必要があります。このため、例えば、小学校の普通免許状を取得しようとする場合は、小学校のみならず、幼稚園や中学校における教育実習も単位として認められます。ただし、教育実習の授業科目について、複数の学校種の免許状取得に用いるためには、各学校種の教職課程で共通開設して、それぞれの教職課程の科目として位置付けておく必要がありますので、留意してください。

　また、海外にあるいわゆる日本人学校（文部科学大臣が小学校、中学校又は高等学校と同等の教育課程を有するものとして認定した在外教育施設）においても、教育実習を実施することができます。

　教育実習の単位、教育実習先に関する詳しい要件については、免許法施行規

則（第2条第1項の表備考第6号〜第9号の2及び第11号、第3条第1項の表備考第5号、第4条第1項の表備考第7号〜第8号の2、第5条の表備考第3号・第4号、第7条第1項の表備考第4号・第5号及び第22条の5）を、教育実習の開設方法については、文部科学省が毎年度公表している「教職課程認定申請の手引き」を確認してください。

なお、児童生徒等にとって、障がいのある教師等の教育関係職員が身近にいることは、高い教育的意義があります。大学においては、障がいのある学生に必要な配慮の把握をはじめ、教育実習受入校との実施前、教育実習中、実施後の連絡体制の構築などに留意しつつ、障がいのある学生の教育実習の実施に当たってもらうことが求められます。文部科学省のウェブサイトには、「障がいのある学生の教育実習における合理的配慮に関する対応マニュアルとチェックリスト」の関連情報が掲載されていますので、参考にしてください。

　<参考資料>
○「障がいのある学生の教育実習における合理的配慮に関する対応マニュアルとチェックリスト」について（事務連絡）（令和4年5月20日文部科学省総合教育政策局教育人材政策課）
https://www.mext.go.jp/a_menu/shotou/kyoin/menkyo/syogaikyoikujisyu_00002.html

Q17　学校インターンシップなどの体験活動を免許状の取得のために用いることのできる単位とするには、どのように行えばよいのでしょうか。

A

教職課程で学校現場を体験する科目としては教育実習がすぐに思い起こされると思いますが、教育実習以外にも、「学校ボランティア」、「学校インターン

シップ」などの名称で、教職課程の学生が学校現場を体験する授業科目のある大学は少なくありません。この学校現場を体験する授業科目を免許状の取得のために用いることのできる単位とするためには、教育実習の一部に代わる単位とする方法と、大学が独自に設定する科目の単位とする方法の二つがあります。

1　教育実習の一部に代わる単位にするための授業科目とする場合

（1）授業科目の開設方法に関するルール

　学校現場を体験する授業科目のうち、一定の要件を満たして「学校体験活動」という授業科目として開設されたものは、教育実習の単位を一部代替することができます。

　この場合、教育実習の単位の代わりとなりますので、教育実習の狙いとするところを実現できるような授業科目であることが必要です。例えば、活動の内容については学校の教師が行う活動に近いものや、指導の仕方としても大学の授業科目として責任を持って単位認定できるように学校と連携して行うことが求められます。

　このため、「学校体験活動」は、免許法施行規則では、「学校における授業、部活動等の教育活動その他の校務に関する補助又は幼児、児童若しくは生徒に対して学校の授業の終了後若しくは休業日において学校その他適切な施設を利用して行う学習その他の活動に関する補助を体験する活動」と定義されており（免許法施行規則第2条第1項の表備考第8号）、具体的には、以下の事項を満たすことが必要とされています（教職課程認定審査の確認事項2(6)）。

　・教育実習と学校体験活動の両方の授業科目が相まって教育実習としての目標を達成すること
　・実習校と大学が連携して実施体制やプログラム等を構築すること
　・学校教育に関連する活動全般に対する支援や補助業務を中心とし、学生は実習校の指示の下に活動を行うこと

（2）履修方法に関するルール

学校体験活動の単位は、2単位まで教育実習の単位に含めることができます。ここで気を付けなければならないのが、単位の流用との関係です。教育実習の単位は、他の学校種の単位を流用することができます。例えば、小学校の免許状を取得する場合には、中学校の教職課程の教育実習の単位を2単位まで使うことができます。

ただし、学校体験活動の単位を教育実習の単位に含めた場合には、残りの教育実習の単位は、取得しようとする免許状の学校種の教育実習の単位でなければならず、他の学校種の単位を流用することはできません。逆に、流用する場合には学校体験活動の単位を教育実習に含めることはできません。

例えば、小学校の免許状を取得する場合に、学校体験活動の2単位を教育実習に含めた場合には、残りの教育実習の3単位は小学校の教職課程の教育実習の単位を修得する必要があります。

これは、仮に学校体験活動の単位と他の学校種の教育実習の単位の流用を合わせて認めると、取得しようとする免許状の学校種について教育実習をしないままになってしまう場合があるため、そのような状況が生じないようにする趣旨から定められているルールです。

2 大学が独自に設定する科目とする場合

学校体験活動は、大学が独自に設定する科目に位置付けることもできます。この場合には、教育実習の単位に代替するものではありませんので、大学の教職課程の科目としてふさわしいものであれば、上記の要件を満たす必要はありません。

Q18　中学校と高等学校の教科に関する専門的事項に関する科目とすることができるのは、学部の専門科目であればどのような授業科目でもよいのでしょうか。

A

　教科に関する専門的事項は、基本的には教職課程を設置する学科等の専門分野の科目の履修を通じて学修します。ただし、大学の学修は、専門とする学問分野を深く学ぶため、大学の専門分野の学修範囲が高等学校までの各教科がカバーしている範囲を網羅していない場合があります。例えば、経済学部で中学校の社会の免許状の教職課程を置いている場合、経済史などの専門的な歴史を学ぶ科目はありますが、その科目で中学校の歴史の全体をカバーしているわけではありません。このため、教科に関する専門的知識を全般的に学修するように、一般的包括的内容の科目の履修が求められています（免許法施行規則第4条第1項の表備考第2号）。

1　大学が留意すべき点

　教職課程においては、一般的包括的内容を含む科目を開設しなければなりません。そして、ここでいう一般的包括的内容は、その科目の学問領域をおおまかに網羅するものであること、特定の領域に偏っていないものであることが必要とされています（教職課程認定審査の確認事項2(1)）。

　何が一般的包括的内容であるのかは、具体的に定まっているわけではありませんが、大学で一般的包括的内容をカバーする授業科目を開設する場合に、その授業科目で取り扱うべき範囲を考えるに当たっては、学習指導要領がカバーする範囲が参考になります。また、外国語（英語）に関しては、教科に関する専門的事項についてもコアカリキュラム（外国語（英語）コアカリキュラム）や審査の考え方（外国語（英語）の審査の考え方（平成30年11月29日課程認定委員会決定））が示されていますので、一般的包括的内容を含む科目の内容を考えるに当たっては参考になります。

　大学の履修指導に当たっては、どの授業科目が一般的包括的内容を含む授業科目であるのかを確認し、免許状を取得しようとする学生がその授業科目を必ず履修するように指導する必要があります。一般的包括的内容をカバーする科目以外の教科に関する専門的事項だけを履修していた場合には、単位数が足りていたとしても免許状を取得することはできませんので、学生が追加で履修する必要が生じる場合がありますので、注意が必要です。

2　教育委員会が留意すべき点

　教科に関する専門的事項に関する科目について必要な単位がそろっているかどうかを確認する場合、単位数が足りているだけでなく、一般的包括的内容を含む科目を履修しているかどうかも確認する必要があります。

　どの授業科目が一般的包括的内容を含む科目であるのかは、大学から発行される学力に関する証明書で、「○」「✓」などの記号を付すことが一般的ですので、免許状の授与の審査に当たっては、参考になります。

　＜参考になるウェブサイト＞
○学力に関する証明書の様式の作成例
　https://www.mext.go.jp/a_menu/shotou/kyoin/menkyo/syoumei.htm

Q19　大学が独自に設定する科目として、どのような授業科目を用いることができるのでしょうか。

A

　大学が独自に設定する科目は、文字どおり大学独自の科目であり、履修しなければならない事項は定められていません。このように、必要な単位数の総枠のみを定め、履修しなければならない事項は法令で縛らないことで、授業科目開設の自由度を高めて各大学の特色を発揮しやすくするとともに、学生が免許

状取得のために選択できる科目の範囲を広げることが期待されています。

　大学が独自に設定する科目の単位として免許状取得のための単位に活用できるものは、次のものです（免許法施行規則第2条第1項の表備考第14号）。

- ・教科専門科目（教科（領域）に関する専門的事項に関する科目を指します。）
- ・教職専門科目（各教科の指導法（保育内容の指導法）、教育の基礎的理解に関する科目、道徳、総合的な学習の時間等の指導法及び生徒指導、教育相談等に関する科目並びに教育実践に関する科目を指します。）
- ・教科専門科目に準ずる科目
- ・教職専門科目に準ずる科目

　ここで、教科専門科目に準ずる科目や教職専門科目に準ずる科目とあるのは、教科専門科目や教職専門科目の事項として免許法施行規則に定められた内容と関連しつつも、少し外れた科目のことであり、例を挙げるとすれば、次のようなものが考えられます。

- ・幼稚園の免許状を取得する際に、幼小連携の観点から小学校の履修内容を取り込んだ授業科目
- ・高等学校の国語と社会を合わせたような、異なる教科を横断した授業科目

　また、教科専門科目や教職専門科目とあるのは、免許状を取得するために最低限必要な単位数を超えて修得した教科専門科目や教職専門科目の単位数を大学が独自に設定する科目に回すことができることを指しています。例えば、教育の基礎的理解に関する科目を例にすると、免許状取得のために必要なこの科目の最低修得単位数は10単位ですが、これを12単位修得したときに、余った2単位分を大学が独自に設定する科目の単位として使うことができます。

　なお、このほかに、例外として「指定大学が加える科目」があります。この点については、コラムを参照してください。

Column

指定大学（教員養成フラッグシップ大学）

　Q11で説明したように、教職課程を設置するためには、文部科学大臣の認定を受ける必要があります。この教職課程の認定を受けた上で、更に、教員の養成に係る教育研究上の実績及び管理運営体制その他の状況を総合的に勘案して、他の大学の教職課程の改善に資する教育研究活動の展開が相当程度見込まれる大学を文部科学大臣が指定する仕組みがあり（免許法施行規則第21条の２）、令和４年に四つの大学が指定されました。この指定を受けた大学が、指定大学です。「指定大学」は、免許法施行規則で定められた名称で、一般的には「教員養成フラッグシップ大学」とも呼ばれています。

　指定大学は、他の大学の教職課程の改善に資するような、先導的な教員養成カリキュラムの研究開発を行うことができるように、「指定大学が加える科目」を教職課程の科目として開設することができ、その単位は、免許状の取得のために用いることができます（免許法施行規則第２条第１項の表備考第14号及び第15号、第５条第１項の表備考第７号、第７条第１項第３項）。この「指定大学が加える科目」は、指定大学以外の大学には開設ができない独自の科目であり、特別の授業内容、指導方法を取り入れた科目を開設することが期待されています。

　具体的には、次の各科目で単位を用いることができます。

（１）幼稚園、小学校、中学校

・「大学が独自に設定する科目」については、専修免許状、一種免許状、二種免許状の全てについて「指定大学が加える科目」の単位を用いることができます。

・「教科及び教科の指導法に関する科目」（幼稚園では「領域及び保育内容の指導法に関する科目」）、「教育の基礎的理解に関する科目」、「道徳、総合的な学習の時間等の指導法及び生徒指導、教育

相談等に関する科目」については、専修免許状と一種免許状に関して、これらの免許状の取得に必要な単位数から二種免許状授与に必要なそれぞれの科目の単位数を差し引いた単位数までは、「指定大学が加える科目」の単位を用いることができます。

（2）高等学校

専修免許状と一種免許状について、次のように単位を用いることができます。

・「大学が独自に設定する科目」については、「指定大学が加える科目」の単位を用いることができます。

・「教科及び教科の指導法に関する科目」は8単位まで、「教育の基礎的理解に関する科目」は6単位まで、「道徳、総合的な学習の時間等の指導法及び生徒指導、教育相談等に関する科目」は4単位まで、「指定大学が加える科目」を用いることができます。

（3）特別支援学校

専修免許状と一種免許状を取得する場合に、「特別支援教育の基礎理論に関する科目」、「特別支援教育領域に関する科目」、「免許状に定められることとなる特別支援教育領域以外の領域に関する科目」について、専修免許状と一種免許状を取得するために必要な単位数から二種免許状に必要なそれぞれの科目の単位数を差し引いた単位数までは、「指定大学が加える科目」を用いることができます。

なお、指定大学が加える科目の単位を用いる場合には、それ以外の科目で、免許法施行規則に定めている、各科目に含めることが必要な事項を網羅して履修することが必要ですので、履修する科目に注意してください。

どの大学が指定されているかなど、詳細については、下記のウェブサイトを参照してください。

＜参考になるウェブサイト＞

○教員養成フラッグシップ大学について

　https://www.mext.go.jp/a_menu/koutou/houjin/mext_01646.html

Q20　経済学部に中学校の体育の教職課程を設置することができるのでしょうか。

A

　教職課程を置くことができるのは、大学の学部、学科、課程、学校教育法第85条ただし書に規定する組織、研究科、専攻その他学則で定める組織（以下「学科等」という。）です。この「学科等」は、学則等に入学定員が定められた最小単位である組織を指しており、これが教職課程を設置するための基本的な組織単位となっています（教職課程認定基準2(1)）。

　ただし、学科等であればどのような種類の免許状の教職課程でも置くことができるわけではありません。例えば、理学部に理科の免許状の教職課程を設置する場合のように、学科等の目的・性格と取得する免許状との間に、「相当関係」があることが必要とされています。

　どのような場合に免許状と学科等の目的・性格との相当関係があると言えるのかについては、例えば免許状に関係する科目が何科目以上あればよい、という数で決まるような基準ではなく、教職課程認定の中で、学科等の目的・性格や開設している授業科目などを総体として見た上で判断されますので、考え方をよく理解しておくことが必要となります。

　教職課程の科目群は、大きく分ければ、学校で指導する教科の専門性を修得する部分と、教科の指導法や生徒指導などの教職に特有の内容を修得する部分が含まれています。

　このうち、教科の専門性については、例えば、中学校・高等学校の体育の教職課程では、体育の教師に求められる専門性は、教科専門科目を何単位か修得するだけで身に付けられるものではなく、大学の学部や学科などを卒業するために必要な専門的な学修の中で身に付けていくことが教職課程の基本的な考え方となっています。

　仮に経済学部に体育の教職課程を置くとした場合には、経済学部を卒業するための4年間の学修の中では体育の学修は相対的に少なくなるでしょうし、逆

に体育のために十分な学修を行おうとすれば、卒業に必要な経済学の単位とは別に多数の単位の修得が必要となってしまうでしょう。したがって、経済学部に体育の教職課程を置くことは通常は想定されていません。

このように、ある教科の免許状を取得するための教職課程を置くには、その学部や学科などを卒業するために履修する教育プログラムが全体としてその教科の専門性を修得できるようなものであることが必要となります。「免許状と学科等の目的・性格との相当関係」が必要とされること、つまり、「教職課程は、認定を受けようとする学科等の目的・性格と免許状との相当関係並びに学科等の教育課程及び教員組織等が適当であり、かつ、免許状の授与に必要な科目の開設及び履修方法が、当該学科等の目的・性格を歪めるものではないと認められる場合に認定するもの」とされているのは、このような考え方に基づいています（教職課程認定基準2(4)）。課程認定の基準で求められているから教科専門科目を最低限何単位開設しておけばよい、というものではなく、その学部や学科などの教育プログラム全体で教科の専門性を確保できるものになっているかどうか、という観点から考えていくことが必要です。

具体的な留意点は、「学科等の目的・性格と免許状との相当関係に関する審査基準」（平成23年1月20日課程認定委員会決定）を参照してください。

Column

幼稚園や小学校の教職課程を置くことができる学科等

　大学の学部や学科などの中には、教育大学など、教員養成を主たる目的とするものがあります。幼稚園や小学校の教職課程は、こうした教員養成を主たる目的とする学科等でなければ認定を受けることができないこととされています（教職課程認定基準2(6)）。これは、全ての教科や領域の指導を含め学校の教育活動全般を担当する幼稚園、小学校の教師に求められる知識技能は、特定の教科の専門性に基礎を置いているわけではなく、相対的に教職に関する専門性のウエイトが大きくなることが考慮されています。

　では、どのようなものが「教員養成を主たる目的とする学科等」となるのでしょうか。この場合も、「免許状と学科等の目的・性格との相当関係」で説明したことと同じように、教職に関係する科目が何単位あればよい、というものではなく、その学部や学科などの教育プログラム全体として教員養成を主たる目的とするにふさわしいものであることが必要となります。具体的には、学科等の名称及び設置理念、学位及び学位の分野、学科等の教育課程全体における教員養成に関する科目の占める割合、卒業要件等における免許状取得や免許状取得に係る科目履修の位置付けなどを総合して、教職課程認定の審査で判断されることとなります（教職課程認定審査の確認事項1(4)）。

3

大学で学生に教職課程の
履修指導をする場合や教育委員会で
免許状の授与の事務を行う場合に
関係する免許制度

Q21 中学校の免許状を取るために教職課程の単位を修得しました。が、大学の教職課程で小学校の免許状も取りたいと考えています。この単位を小学校の免許状を取るためにも使うことができるのでしょうか。

A

　文部科学大臣による教職課程の認定は免許状の種類に応じて行われますので、教職課程で修得した単位については、その教職課程によって授与される免許状の種類のみに算定できるものです。

　しかし、教職課程の認定の際に、複数種類の免許状の授与のために必要な単位を修得できる授業科目を大学で共通開設することが可能な特例が設けられています。この場合、共通開設されている授業科目で単位を修得すれば、複数の免許状の授与に必要な単位に算定できます。

　また、共通開設されていない授業科目の単位であっても、特定の単位に限って流用することができます（例えば中学校の免許状の取得に必要な単位を、小学校の免許状の取得に必要な単位として流用する等）。

1　共通開設

　教職課程の授業科目の共通開設は、一つの授業科目を複数の教職課程において授業科目としてそれぞれ位置付けることです。例えば、小学校と中学校の教職課程で共通開設されている授業科目は、小学校の免許状を取得するための授業科目であると同時に中学校の免許状を取得するための授業科目でもあります。このため、その授業科目の履修によって修得した単位は、小学校の免許状の申請にも中学校の免許状の申請にも使えることになります。

　教職課程を設置する場合に文部科学大臣が行う認定は、教職課程認定基準に基づいて行われており、当該基準では、共通開設できる要件や範囲が定められています。そのため、免許状を授与する教育委員会や教職課程を開設する大学は独自に判断して単位の修得を認めることはできません。

　共通開設する場合は、共通開設する授業科目の単位によって取得できる複数の免許状の教職課程がそれぞれ認定されている必要があるため、小学校と中学校の免許状の取得に必要な単位の授業科目を共通開設する場合には、小学校と中学校の免許状の教職課程が認定されている必要があります。

　共通開設する場合は、「各科目に含めることが必要な事項」レベル（Q 12を参照）で行うことが可能であり、具体的には、小学校と中学校の免許状の場合は、「教科に関する専門的事項」や「各教科の指導法」、「特別の支援を必要とする幼児、児童及び生徒に対する理解」、「道徳の理論及び指導法」、「情報通信技術を活用した教育の理論及び方法」、「教育実習」など全ての事項において共通開設が可能です。なお、小学校は、10教科の単位の修得が必要となっていますので、共通開設できるのは中学校の特定の教科に関する内容のみとなります。

　どの科目をどの免許状の教職課程の間で共通開設できるのかは、教職課程認

定基準で具体的に定められていますので、大学で共通開設を行うに当たって
は、教職課程認定基準をよく確認してください。

　また、教職課程認定基準で示されているのは、共通開設をすることが可能な
範囲ですので、実際にどの科目をどの免許状の教職課程との間で共通開設する
かは、教職課程を開設している大学によって異なります。このため、履修に当
たっては大学の履修案内を確認する必要があるとともに、大学ではどの科目を
どの免許状の取得に使うことができるのかを明確にしておく必要があります。

2　単位の流用

　単位の流用は教職課程間の連携を図る趣旨から設けられたものであり、幼稚
園、小学校、中学校、高等学校の間で同程度の内容を修得している場合は重複
して修得することまでを要しないようになっています。免許法施行規則第2条
第1項の表備考第11号及び第12号においてその扱いが定められており、免許
状の授与事務を行う教育委員会においてそれらの規定にのっとって判断するこ
ととなります。

　具体的には、中学校の免許状の取得に必要な単位を、小学校の免許状の取得
に必要な単位に流用する場合には、「教育の基礎的理解に関する科目」は8単
位（一種免許状の場合）まで、「道徳、総合的な学習の時間等の指導法及び生
徒指導、教育相談等に関する科目」は2単位まで、「教育実習」は3単位まで、
「教職実践演習」は2単位まで行うことができます。流用した場合でも、小学
校の免許状の取得に必要な「各科目に含めることが必要な事項」は全て満たす
ことが必要です（Q 12を参照）。

　なお、単位の流用については、小学校と中学校の教職課程の間以外にも様々
なケースがありますので、Ⅲの別表に引用した表も参照してください。

Q22 Ａ大学の学生が、単位互換などでＢ大学で修得してきた単位や、入学前にＢ大学で修得していた単位をＡ大学の教職課程の授業科目の単位として、免許状の授与の申請をすることができますか。

A

　Ａ大学に在籍する学生が、Ａ大学の教職課程の単位として免許状の授与の申請をすることができるかどうかは、その単位を修得することができる授業科目が例えばＢ大学との間で既に共通化されているのか（以下の１を参照）をまずは確認する必要があります。

　共通化されていなくても、在籍するＡ大学の判断で入学前のＢ大学での単位を教職課程の単位として認める場合（以下の２を参照）もあります。また、Ａ大学の教職課程の単位として認められなくても、Ａ大学とＢ大学の単位を合算して教育委員会に申請（以下の３を参照）することが可能です。

１　Ｂ大学の科目をＡ大学の教職課程の科目として位置付けている場合

　免許状の取得に必要な単位を修得するための授業科目は、教職課程を設置する大学が自ら開設することとされています（いわゆる自ら開設の原則（免許法施行規則第22条第１項））。この例外として、単位互換制度、共同実施制度、連携開設制度があり、これらの制度により異なる大学間で単位が共通化されていることがあります。共通化されている単位は他の大学で修得したとしても在籍している自大学の授業科目の単位として算定することが可能です。

（１）単位互換制度（免許法施行規則第22条第４項）

　学生が別の大学等において授業科目を履修して修得した単位であっても、60単位までは自大学の単位とみなして卒業に必要な科目とすることができます（大学設置基準第28条第１項）。この単位互換をＡ大学とＢ大学の間で行っている場合、Ａ大学は単位互換の対象となっているＢ大学の授業科目を、自らの

教職課程の科目として位置付けることができます（免許法施行規則第22条第
4項）。ただし、B大学の単位を用いることができるのは、各科目の3割まで
となっています。また、複数の大学間で単位互換協定が締結されていることが
必要です。

（2）学位課程の共同実施制度（免許法施行規則第22条第5項）

　これは、学部などの学位課程全体を複数の大学で共同して設置するもので
す。この場合、共同で学部等を設置している大学の間では、他の大学の授業科
目の単位のいずれを修得しても自大学の授業科目の単位とすることができま
す。この場合、異なる大学のどちらで単位を修得しても同一の学位が得られる
ように共同の学位プログラムの下設置されている必要があります。

（3）　連携開設科目制度（免許法施行規則第22条第3項）

　A大学とB大学の設置者が大学等連携推進法人の社員となっている場合又は
同じ設置者である場合、両大学が連携して授業科目を開設するときは、他大学
が開設した授業科目を自ら開設したものとみなす、連携開設科目の仕組みがあ
ります（大学設置基準第19条の2第1項）。連携開設科目としてB大学が開設
した授業科目については、A大学は自らの大学が開設した科目としてA大学の
教職課程の科目とすることができます。

　単位互換制度、学位課程の共同実施制度と連携開設科目制度を活用して他大
学が開設した授業科目を自大学の授業科目とみなして教職課程を開設するため
には、一定の要件があります。詳しくは、「教職課程認定申請の手引き」を確
認してください。

2　B大学の科目をA大学の教職課程の科目として位置付けていない場合

　B大学の科目をA大学の教職課程の科目として位置付けていない場合でも、
B大学で修得した単位をA大学で修得した単位として免許状取得のために用い
ることができる場合があります。

（1）単位互換の場合（免許法施行規則第 10 条の 3 第 2 項）

　A 大学と単位互換を行っている B 大学が教職課程の認定を受けている場合、
A 大学が認めるときは、単位互換の対象となっている B 大学の単位を A 大学の
単位とみなして免許状取得のために用いることができます。この場合の単位互
換の対象となっている授業科目は、教職課程の科目でなくてもよいこととなっ
ています。

（2）連携開設科目の場合（免許法施行規則第 10 条の 3 第 1 項）

　A 大学と B 大学の設置者が大学等連携推進法人の社員となっている場合又は
同じ設置者である場合、教職課程の認定を受けている両大学が連携して授業科
目を開設するときは、他大学が開設した授業科目を自ら開設したものとみなす
仕組みがあります（大学設置基準第 19 条の 2 第 1 項)。この連携開設科目制度
の単位については、A 大学が認めれば B 大学の単位を A 大学の単位とみなして
免許状取得のために用いることができます。この場合の B 大学の連携開設科目
は、教職課程の科目でなくてもよいこととなっています。

（3）入学前に修得した単位の場合（免許法施行規則第 10 条の 3 第 3 項）

　入学等する前に教職課程を設置する大学で修得した単位について、A 大学が
認めれば A 大学の教職課程の単位として算定することができます。この場合、
入学前の他の大学の授業科目の単位は教職課程の単位でなくても可能です。

（4）教職課程を設置していない大学において修得した単位の場合（免許法
　　　別表第 1 備考第 5 号ロ、免許法施行規則第 66 条の 7 ）

　教職課程を設置していない大学で修得した単位についても、教科に関する専
門的な事項に関する科目に限っては、A 大学が認めれば A 大学の教職課程の単
位として算定することができます。

　また、文部科学大臣が大学の課程に相当するものとして指定する課程として
短期大学の専攻科や高等専門学校の専攻科、専修学校の専門課程などにおいて

修得した単位についても、Ａ大学が認めればＡ大学の教職課程の単位として算定することができますが、この場合は、認めることができる単位数に上限があります。

3　Ａ大学の単位として算定できなくても、他の大学の単位と合算して教育委員会に免許状の授与申請が行える場合

　免許状の授与に必要な要件は、その全てを一つの大学で修得する必要はなく、複数の大学で修得した単位を合算して都道府県教育委員会に申請することで免許状を取得することが可能です。この場合、単位を修得したそれぞれの大学から、学力に関する証明書の発行を受けることが必要となります。

Column

大学等連携推進法人

　18歳人口の減少やグローバル化の進展などの環境変化の中、大学が他の大学などと連携協力し、強みを持ち寄り、人的・物的リソースを効果的に活用しつつ、教育研究の充実に取り組むことができるよう、大学等の緊密な連携を効果的に推進するために、大学の設置者等を社員とし、連携に係る協議調整や連携事業を一元的に実施するなどの業務を担う一般社団法人を文部科学大臣が大学等連携推進法人として認定しています。

　大学等連携推進法人の社員が設置する大学間では、大学が自ら開設することとされる授業科目について、他の大学が当該大学と緊密に連携して開設した連携開設科目の場合は、当該大学が自ら開設するものとみなすことができる等の特例措置が設けられています。

図4 大学等連携推進法人について

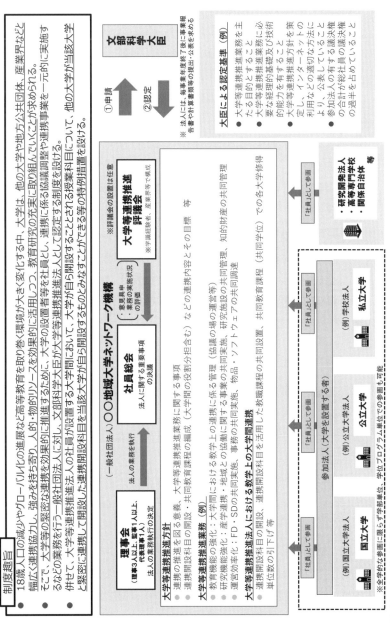

（出典）大学等連携推進法人：文部科学省 (mext.go.jp)

Q23 過去に学生だった頃に教職課程の単位を一部取りましたが、在学中に免許状の取得に必要な単位をそろえることができなかった方から、免許状を取るために大学で勉強したいとの問い合わせがありました。

　　　1　過去に修得した単位を利用しつつ、足りない単位を修得することで免許状を取得できますか。もう一度大学に入り直して教職課程で最初から学ぶ必要がありますか。

　　　2　過去に学生だった頃に教職課程の単位を修得したときから、法令が改正されて、免許状を取得するために履修が必要な事項が変更になりました。この場合、履修が必要な事項は、いつの時点の法令に基づいて決まるのでしょうか。また、法令改正よりも前に修得した単位を使うことはできるのでしょうか。

A

1について

　大学の教職課程の履修による免許状の取得に当たっては、教職課程の修了自体が授与の要件となっているわけではなく、所定の学位と必要単位の修得が要件となります（小学校や中学校の免許状を取得する場合は、このほかに介護等体験の実施が必要となります。Q 29参照。）。このため、例えば、学生時代には所要の単位を修得しきれなかったため、卒業後に必要な単位を追加で修得し、学生時代に修得した単位と合算して免許状の授与申請をすることも可能です。

　学生時代に免許状授与に必要な単位数を修得できなかった場合、再度大学に入学して学科等の教職課程において必要単位を履修する方法のほかに、科目等履修生制度や教職特別課程制度を活用して必要単位を修得する方法があります。

　科目等履修生とは、社会人等の大学の学生以外の方がパートタイム形式によりその大学の講座を受講し、その履修成果として単位を得ることができる制度です。また、教職特別課程とは、中学校の専修・一種免許状、高等学校の専修・一種免許状や特別支援学校の一種免許状の取得のため、「各教科の指導法に関する科目」、「教諭の教育の基礎的理解に関する科目等」、「特別支援教育に関する科目」の単位を修得できる大学の課程であり、その修了年限は1年以上とされています。教職特別課程は、科目等履修生により個別に必要な単位修得をしていく場合と比べて、免許状取得のため必要な単位がパッケージで提供されていることのほか、科目等履修生では認められない場合がある教育実習や介護等体験を実施が可能なことが特徴です。

　なお、免許状の取得のため必要な単位のうち、学生時代に修得された「教科（領域）に関する専門的事項に関する科目」の単位については、教職課程を有する大学が認めることにより、免許状取得のための単位として利用することが可能です（免許法別表第1備考第5号ロ）。

2について

　免許法等の改正により、免許状授与のため必要な単位数やその内容が変更になった場合、免許状の取得に当たっては、原則、最新の法令の規定に基づく単位の修得が必要となります。ただし、法令の改正前において、免許状授与のため必要な学位や単位を修得し、所要資格を満たしていた場合は、基本的には、改正前の規定に基づき免許状の授与が可能です。

　また、法令改正により、必要単位数やその内容が変更になっていた場合であっても、改正後の法令に基づく教職課程を有する大学が適当であると認めるものについては、過去に修得した単位を最新の法令の規定に基づく単位とみなすことが可能な場合があります。

　なお、直近では、改正は平成31年4月1日に教職課程の科目が大きく改正されています。このときの取扱いについては、説明やQ＆Aが84ページのウェブサイトに掲載されていますので、参照してください。

　＜参考になるウェブサイト＞

○教職課程の履修内容の充実（平成 31 年度）

　特に、法令改正前から継続して教職課程に在籍している場合の取扱いについての
項目を参照。

　https://www.mext.go.jp/a_menu/shotou/kyoin/1414533.htm

Q24 大学で新しく教職課程を開設しましたが、それよりも前に大学に入学していた学生が教員免許状を取得するには、どうしたらよいのでしょうか。

A

1 免許状の取得のために使うことができる単位

　免許状の取得のための単位として使うことができるのは、文部科学大臣の認定を受けた教職課程の授業科目の単位である必要があります。このため、教職課程を開設する前に入学した学生が既に修得している単位については、免許状の取得に当たって必要な単位数に算定することができません。

　しかし、「教科に関する専門的事項に関する科目」については、教職課程を設置した後にその大学が認めれば、教職課程が設置されていないときに修得した単位であっても、免許状の取得に必要な単位数に算定することができます（免許法別表第1備考第5号ロ、免許法施行規則第66条の7）。

2 カリキュラム編成上の留意点

　また、大学は教職課程を新たに設置する場合、既に入学している学生に配慮したカリキュラム編成を行う必要があります。例えば、4年制大学に入学した学生が2年生になったときに教職課程が設置された場合、通常の教職課程のカリキュラムでは卒業までに教職課程を終えることができないため、卒業までに免許状の取得に必要な単位が修得できるようなカリキュラム編成や履修上の学内規定（別学年の教職課程の履修を可能とすることなど）を整備することが必要です。

Q25　外国の大学を修了した方が、日本の免許状を取ることができるのでしょうか。

A

　免許法第18条に基づき、外国の大学（大学院を含む。以下同じ。）を卒業又は修了した方や、外国の免許状を取得した方については、免許法等の規定に準じ、授与権者である都道府県教育委員会が実施する教育職員検定により、各相当の免許状を取得することができる場合があります。

1　学位の取扱い

　免許法第18条により免許法別表第1に準じて教育職員検定を行う場合は、授与権者である都道府県教育委員会の判断により、外国の大学で授与された学位（学士等）を日本の大学の学位に準じて取り扱うことが可能です。

2　単位の取扱い

　免許法第18条により教育職員検定を行う場合は、授与権者の判断により、外国の大学で修得した単位を免許状の取得のための単位として用いることが可能です。このとき、外国の大学で修得した科目内容が日本の大学で修得すべき科目と厳密に同じである必要はありませんが、これに準じた内容であるかどうかを授与権者において精査することとなります。

　また、日本の大学と外国の大学でそれぞれ単位を修得した場合、免許法第18条に基づく教育職員検定における授与権者の判断により、これらの単位を合算して免許状取得の必要単位に充てることも可能です。

　なお、外国の大学で単位を修得したものの当該大学を卒業又は修了しなかった場合は、外国の大学で修得した単位を免許状取得の単位として充てることはできません。

3 外国の教員免許状の取扱い

外国の教員免許状を有する場合は、免許法第18条に基づく教育職員検定により、授与権者の判断で相当の免許状を授与することが可能です。

4 免許状授与の判断基準

上記1〜3について、免許法第18条による教育職員検定においては、例えば、次のような観点から授与権者において個別具体的に免許状の授与の可否が判断されることとなります。

- ・外国における学制が日本の学制に類似している、又は、同程度以上のものと認められるか
- ・外国の大学における学位（卒業資格）や修得単位が、免許法等に定める免許状取得に必要な学位や単位に準じたものであるか
- ・外国における教師の資格取得の要件（大学等教員養成機関の入学資格、修業年限、修得すべき単位数、教育内容等）が、日本におけるそれと同程度以上のものと認められるか

外国の大学で修得した学位や単位、免許状に関する具体的な取扱いについては、免許状を授与する都道府県教育委員会が定める基準によって異なる場合がありますので、都道府県教育委員会にご確認ください。

Q26　免許状を取得したいのですが、仕事のため大学に通うことができません。どのような方法があるでしょうか。

A

1　教員資格認定試験

　大学に通わず免許状を取得する方法として、教員資格認定試験による免許状の取得があります。

　独立行政法人教職員支援機構が実施する教員資格認定試験に合格し、その合格証をもって都道府県教育委員会に授与を申請することで、免許状を取得することが可能です（免許法第16条、教員資格認定試験規程）。

　現時点で実施されている試験は、幼稚園教員資格認定試験（幼稚園の二種免許状）、小学校教員資格認定試験（小学校の二種免許状）です。試験の内容や日程については、試験を実施している独立行政法人教職員支援機構のウェブサイト等をご確認ください。

2　特別免許状

　免許状は持っていないものの、優れた知識経験等を有する社会人等については、特別免許状の授与により教師として勤務することも選択肢として考えられます。特別免許状の授与に関してはQ05をご覧ください。

3　通信制大学等での教職課程の履修

　働きながら通信制大学に入学して教職課程を履修する方法や、休日や夜間に開講している教職特別課程を履修して、免許状取得のため必要な単位を修得する方法もあります。これらの方法についてはQ23もご覧ください。

　＜参考になるウェブサイト＞
○教職員支援機構の教員資格認定試験のページ
　https://www.nits.go.jp/menkyo/shiken/

Q27　特別支援学校の免許状に書かれている領域とは何ですか。複数の領域が書かれている場合もありますが、どのようにすれば領域を増やすことができるのでしょうか。

A

1　特別支援学校の教師の免許状の領域

　特別支援学校で障害のある児童生徒等を指導するためには、指導の対象となる児童生徒等の障害に応じた特別支援教育領域の定めのある免許状が必要です。特別支援学校の免許状には、教職課程で修得した単位等に応じて一又は二以上の「視覚障害者」、「聴覚障害者」、「知的障害者」、「肢体不自由者」、「病弱者（身体虚弱者を含む。）」といった特別支援教育領域（免許法第2条第5項）が定められています（免許法第4条の2第1項）。

2　領域を増やすための方法

　特別支援学校の免許状は、免許状の授与権者である都道府県教育委員会の行う教育職員検定（大学等の単位と教師としての実務経験）に合格することにより新たな特別支援教育領域を追加することが可能です（免許法第5条の2第3項）。

（1）大学等の単位

大学等の単位として、以下のものを修得することが必要となります。

① 「視覚障害者」や「聴覚障害者」に関する特別支援教育領域を追加する場合は、その領域に関する心理等に関する科目とその領域に関する教育課程等に関する科目について合わせて4単位（二種免許状の場合は2単位）以上（心理等に関する科目に係る1単位以上、教育課程等に関する科目に係る1単位以上を含む。）（免許法施行規則第7条第6項第1号イ）

② 「知的障害者」、「肢体不自由者」や「病弱者（身体虚弱者を含む。）」に関する特別支援教育領域を追加する場合は、その領域に関する心理等に関す

　る科目とその領域に関する教育課程等に関する科目についてそれぞれ１単
　位等の修得により計２単位（二種免許状の場合は１単位）以上（免許法施
　行規則第７条第６項第１号ロ）

　なお、この単位には、大学の教職課程のほか、文部科学大臣の認定する講
習、大学の公開講座や通信教育において修得した単位を用いることも可能です
（免許法施行規則第７条第６項第２号）。また、特別支援学校の免許状は、免許
状に定められることとなる特別支援教育領域以外の領域に関する科目の単位数
も一定数必要となるため、新たに免許状に追加する特別支援教育領域の内容に
よっては、免許状に定められることにならない特別支援教育領域の単位を追加
で修得することが必要となる場合があります（免許法施行規則第７条第７項）。

（２）教師としての実務経験
　教師としての実務経験としては、

　①専修免許状や一種免許状の場合は免許状に定められている特別支援教育領
　　域や追加の定めを受けようとする新教育領域を担任する教師

　②二種免許状の場合は特別支援学校のほか幼稚園、小学校、中学校、義務教
　　育学校、高等学校、中等教育学校や幼保連携型認定こども園の教師

として１年間の実務経験（良好な成績で勤務した旨の教育委員会等の証明）が
必要となります（免許法施行規則第７条第６項第３号）。

Q28　保育士の資格を持ち、保育所での勤務経験のある方が幼稚園の免許状を取得するためにはどのような方法がありますか。

A

　幼保連携型認定こども園の保育教諭は、幼稚園の免許状と保育士資格の両方を持っている必要があります（Q 07 参照）。最近は、大学で両方の免許状・資格を取る方が多くなっていますが、どちらか一方しか持っていないという方もたくさんいます。幼保連携型認定こども園の仕組みがスタートするに当たり、できるだけ多くの方が両方の免許状・資格を持つことができるよう、令和7年3月末までの間は、保育士の資格を持ち、保育所等で勤務した経験のある方は、通常よりも少ない単位数で幼稚園の免許状を取れる仕組みがあります（免許法附則第18項）。

　この仕組みを活用して免許状を取得するためには、次のような要件を満たしていることが必要です。

取得する免許状	必要となる資格	保育士等としての実務経験	必要な単位数
幼稚園の一種免許状	学士の学位及び保育士となる資格	3年 ※勤務時間の合計が 4,320 時間以上の場合に限る。	8 単位
幼稚園の二種免許状	保育士となる資格		

1　必要な資格

　保育士資格を有していること（指定保育士養成施設を卒業していること又は保育士試験に合格していること）が必要です。また、幼稚園の一種免許状を取得するためには、学士の学位も必要です。

2　必要な単位数

　大学で、8単位を修得することが必要です（この単位は、大学のほかに、文

部科学大臣の指定する養護教諭養成機関、文部科学大臣の認定する講習、大学の公開講座若しくは通信教育、文部科学大臣が大学に委嘱して行う試験の合格、独立行政法人大学評価・学位授与機構が定める要件を満たす短期大学の専攻科（一種免許状の場合）で修得した単位も含まれます。）。

　必要な単位については、93 ページの表を参照してください。

3　必要な勤務経験

　保育士等として 3 年以上勤務した経験が必要です。期間が 3 年以上であれば短時間でもよいということではなく、勤務時間の合計が 4,320 時間以上あることが必要です。

　「保育士等」は、幼稚園等で預かり保育を担当する職員や、保育所等の保育士が該当します。具体的にどのような施設の職員が該当するのかについては、細かい基準が定められていますので、詳しくは、お勤めになっていた幼稚園や保育所に問い合わせてください。

　免許状の授与申請をするためには、この勤務経験を証明する証明書が必要となります。証明書の発行については、勤務していた幼稚園、保育所に問い合わせてください（勤務経験の証明書を発行する責任者（実務証明責任者といいます。）は、幼稚園や保育所等を設置している学校法人や社会福祉法人などの代表者となります。詳しくは、お勤めになっていた幼稚園や保育所に問い合わせてください。また、下記の資料も参照してください。）。

　＜参考資料＞
○教育職員免許法施行規則の一部を改正する省令等の公布及び施行について（25 文
　科初第 592 号平成 25 年 8 月 8 日）⇒168 ページ参照

幼稚園の免許状授与の所要資格の特例の科目と単位数について

取得可能な免許状の種類		現行特例における要件（一種・二種共通）	新特例における要件（一種・二種共通）
領域及び保育内容の指導法に関する科目	領域に関する専門的事項	-	-
	保育内容の指導法（情報機器及び教材の活用を含む。）	2（※2）	1（※3）
教科及び教職に関する科目：教育の基礎的理解に関する科目	教育の理念並びに教育に関する歴史及び思想	-	-
	教職の意義及び教員の役割・職務内容（チーム学校運営への対応を含む。）	2	2
	教育に関する社会的、制度的又は経営的事項（学校と地域との連携及び学校安全への対応を含む。）	2（※1）	2（※1）
	幼児、児童及び生徒の心身の発達及び学習の過程	-	-
	特別の支援を必要とする幼児、児童及び生徒に対する理解	-	-
	教育課程の意義及び編成の方法（カリキュラム・マネジメントを含む。）	1	1
道徳、総合的な学習の時間等の指導法及び生徒指導、教育相談等に関する科目	教育の方法及び技術（情報機器及び教材の活用を含む。）	（※2）	（※3）
	幼児理解の理論及び方法	1	-
	教育相談（カウンセリングに関する基礎的な知識を含む。）の理論及び方法	-	-
教育実践に関する科目	教育実習	-	-
	教職実践演習	-	-
大学が独自に設定する科目		-	-
合計単位数		8	6

※1 「教育に関する社会的、制度的又は経営的事項」の学修にあたっては、日本国憲法の内容（とりわけ第26条（教育を受ける権利））が取り扱われるよう留意。
※2 「保育内容の指導法及び「教育の方法及び技術」を合わせて2単位を修得。
※3 「保育内容の指導法及び「教育の方法及び技術」を合わせて1単位を修得。
※4 特例を用いない場合、上記の各科目以外の他、日本国憲法、体育、外国語コミュニケーション並びに数理、データ活用及び人工知能又は情報機器の操作に関する単位を修得することが必要。

（出典）中央教育審議会「令和の日本型学校教育」を担う教師の在り方特別部会基本問題小委員会（第4回）・初等中等教育分科会教員養成部会（第129回）合同会議配付資料：文部科学省（mext.go.jp）

Column

幼稚園の教師の方が保育士資格を取得する場合

　ここでは保育士の方が幼稚園の免許状を取得するための特別な仕組みについて説明しましたが、これとは逆に、幼稚園の教師が保育士の資格を取得するための特別な仕組みもあります。これは、次の要件を満たす必要があります。この特別な仕組みも、令和7年3月末までに限って利用できます。

　特例制度は、幼稚園の免許状を有し、幼稚園等において「3年以上かつ4,320時間以上」実務の経験を有する方が対象となります。

　特例制度の対象者は、保育士養成施設において最大8単位（2単位4科目。学校にもよりますが、要する日数としては通学制の場合、20日間程度と見込まれます。）の特例教科目を修得した後に保育士試験によって資格を取得します。保育士養成施設において特例教科目8単位を修得した場合、保育士試験は全科目免除になります。一方、例えば、保育士養成施設において特例教科目4単位を修得した場合には、保育士試験科目は全科目免除にはなりませんが、修得した特例教科目4単位に応じて一部の保育士試験科目が免除されます。

Q29 免許法別表第1と免許法施行規則の表に示された単位以外にも免許状を取得するために履修しなければならないものがあるそうですが、どのようなものでしょうか。

A

　免許状の取得に当たっては、免許法施行規則の表に示された単位のほか、免許法施行規則第66条の6に定める科目（以下「66条の6科目」という。）の単位を修得する必要があります。また、小学校や中学校の免許状を取得する場合は、7日間の介護等体験を行う必要があります。

　（1）66条の6科目

　66条の6科目では、一般教養として修得すべき科目の計8単位を定めており、その内訳は、「日本国憲法」、「体育」、「外国語コミュニケーション」、「数理、データ活用及び人工知能に関する科目又は情報機器の操作」のそれぞれ2単位です。66条の6科目については、免許状の取得のためには必要なものですが、教職課程の科目として文部科学大臣の認定を受けている必要はありません。このため、教職課程認定を受けていない大学も含め、各大学が66条の6科目として位置付けているものであれば、免許状の取得のために使うことができます。なお、免許状の取得に当たっては、大学が発行する学力に関する証明書により66条の6科目の単位を修得したことを証明する必要があります。

　（2）介護等体験

　教師が個人の尊厳及び社会連帯の理念に関する認識を深めることの重要性に鑑み、教師の資質向上と義務教育の一層の充実を図るため、小学校や中学校の免許状取得希望者には7日間の介護等体験が義務付けられています（介護等体験法第2条第1項）。

　介護等体験においては、特別支援学校や社会福祉施設（老人福祉施設、障害者支援施設等）において、介護、介助のほか、障害者、高齢者等と直接接しな

い掃除や洗濯や受入施設の職員に必要とされる業務の補助等の幅広い体験を行うことが想定されています。小学校及び中学校の免許状の取得に当たっては、介護等体験を行った学校や施設の長が発行する介護等体験に関する証明書を授与権者に提出する必要があります（介護等体験法施行規則第4条）。

　介護等体験を行うことができる施設は、介護等体験法施行規則第2条で定められています（97ページの図5参照。）。介護等体験の具体的な実施施設やその内容に関しては、在学している大学等にご確認ください。

　なお、保健師、助産師、看護師などの特定の資格の免許を有する方や身体上の障害により介護等体験を行うことが困難な方については、介護等体験の実施が免除されています（介護等体験法第2条第3項、介護等体験法施行規則第3条）。

＜参考資料＞
○小学校及び中学校の教諭の普通免許状授与に係る教育職員免許法の特例等に関する法律等の施行について（通達）（文教教第230号平成9年11月26日）
　https://www.mext.go.jp/content/20200807-mxt_kyoikujinzai01-000008775-6.pdf
○平成9年文部省告示第187号

図5 介護等体験を行うことができる施設

障害者の日常生活及び社会生活を総合的に支援するための法律
- 障害者支援施設
- 地域活動支援センター
- 福祉ホーム
- 障害福祉サービス（療養介護（生活介護、短期入所、重度障害者等包括支援、自立訓練、就労移行支援、就労継続支援）を行う施設

身体障害者福祉法
- 身体障害者福祉センター
- 身体障害者社会参加支援施設

社会福祉法
- 授産施設

児童福祉法
- 乳児院
- 母子生活支援施設
- 児童養護施設
- 障害児入所施設
- 児童発達支援センター
- 児童心理治療施設
- 児童自立支援施設
- 障害児通所支援（児童発達支援、医療型児童発達支援、放課後等デイサービス）を行う施設

独立行政法人国立重度知的障害者総合施設のぞみの園法
- 独立行政法人国立重度知的障害者総合施設のぞみの園が設置する施設

生活保護法
- 救護施設
- 更生施設
- 授産施設

原子爆弾被爆者に対する援護に関する法律
- 居宅生活支援事業を行う施設
- 養護事業を行う施設

ハンセン病問題の解決の促進に関する法律
- 国立ハンセン病療養所等

老人福祉法
- 老人デイサービスセンター
- 老人短期入所施設
- 養護老人ホーム
- 特別養護老人ホーム
- 軽費老人ホーム
- 老人福祉センター
- 有料老人ホーム
- 老人居宅生活支援事業（老人デイサービス事業、老人短期入所事業、小規模多機能型居宅介護事業、認知症対応型老人共同生活援助事業）を行う施設

介護保険法
- 介護老人保健施設
- 介護医療院
- 居宅サービス（通所リハビリテーション、短期入所療養介護）を行う施設
- 地域密着型サービス（複合型サービス）を行う施設

学校教育法
- 特別支援学校

学校教育法施行規則
- 特別支援学級を設置する学校
- 通級による指導を行う学校
- 療養等による長期間入院児童生徒等のための特別の教育課程を編成する学校
- 小中高等学校に通じない児童生徒に対する特別の教育課程を編成する学校
- 日本語に通じない児童生徒に対する特別の教育課程を編成する学校

義務教育の段階における普通教育に相当する教育の機会の確保等に関する法律
- 不登校児童生徒の学習活動に対する支援又は公立の教育施設等

（出典）中央教育審議会初等中等教育分科会教員養成部会（第133回）配布資料：文部科学省（mext.go.jp）

97

4

現職の教師が追加で免許状を取る場合の免許制度

Q30 一種免許状を有している人が専修免許状を取ったり、二種免許状を有している人が一種免許状を取るには、大学や大学院を修了する以外にどのような方法がありますか。

A

　取得済みの免許状よりも上位の免許状を取得する方法として、大学や大学院等の教職課程を履修する方法以外に、必要単位の修得と所定の年数の実務経験による取得方法があります（免許法別表第3）。

1　必要な単位と実務経験

（1）修得しなければならない単位

　単位の修得方法は免許法施行規則第11条に定められています。都道府県が定める教育委員会規則で修得が必要な単位の細かい内訳を定めているため、まずは授与申請を予定している都道府県教育委員会に必要な単位の内容についてご確認ください。

　この場合の免許状の取得に用いることができる単位を修得する方法として

は、大学等の教職課程で単位を修得する方法のほかに、免許法認定講習・公開講座・通信教育を受講する方法があります。この講習等については、Q34を参照してください。

（2）実務経験

免許状取得のため必要な最低在職年数に算入することができるのは、取得済みの免許状に相当する学校（教科）の教師としての勤務経験です。この際、免許状に相当する義務教育学校や中等教育学校、特別支援学校の各部における勤務経験や幼保連携型認定こども園における勤務経験（幼稚園の免許状の取得の場合に限る。）も算入可能です。

なお、それらの勤務が良好な成績である旨を証明する実務証明責任者は、以下のとおりとなります（免許法別表第3及び免許法施行規則第67条）。

被証明者	実務証明責任者
国立学校又は公立学校の教師	所轄庁
私立学校の教師	私立学校を設置する学校法人等の理事長
少年院法による少年院で授業を担当した者	法務大臣
認定在外教育施設において授業を担当した者	文部科学大臣
外国の教育施設又はこれに準ずるものにおいて授業を担当した者	独立行政法人国際協力機構の理事長

（3）その他

免許法別表第3による上位の免許状の取得に当たっては、各免許状に相当する学位（二種：短期大学士、一種：学士、専修：修士）を有する必要はありません。また、免許法施行規則第11条第1項の表では、免許法別表第3による免許状の取得に必要な合計の最低修得単位数のうち、修得すべき科目名と単位数を特定していないものがあります。例えば、小学校の一種免許状を取得するためには45単位が必要となっており、このうち、修得することが必要な科目と単位は、教科に関する専門的事項に関する科目について4単位、各教科の指

導法に関する科目又は教諭の教育の基礎的理解に関する科目等について 21 単位、大学が独自に設定する科目について 5 単位と定められていますが、残りの 15 単位については科目が特定されていません。このため、どのような科目の単位でも使うことができるのですが、これらの単位の修得に当たっては幅広い教養を身に付けるよう努めなければならないこととされています（免許法施行規則第 11 条第 2 項）。これらの単位の修得について、教育委員会規則で細かい修得内容を定めている場合もあるため、事前に都道府県教育委員会にご確認ください。

2　必要な手続

　この方法で取得する場合には、都道府県教育委員会に申請する必要があります。申請に当たっては、人物、学力、実務及び身体に関する証明書が必要です（免許法第 6 条）。その他申請に必要な書類については、授与権者である都道府県教育委員会のウェブサイト等で確認してください。

　＜参考資料＞
○教員免許状（普通免許状）を取得可能な大学等
　https://www.mext.go.jp/a_menu/shotou/kyoin/daigaku/index.htm
○免許法認定講習・公開講座・通信教育（既に教員免許状を持っている人が、他の校種・教科等の免許状を取得する方法）
　https://www.mext.go.jp/a_menu/shotou/kyoin/010602.htm

Q31　中学校の免許状を持っていますが、中学校の別の教科の免許状も取りたいと考えています。このように同じ学校種の別の教科の免許状は、大学の教職課程で取る以外に、どのような方法がありますか。

A

　中学校、高等学校の特定の教科の免許状を有する方が他の教科の免許状の授与を受けようとする場合、教育の基礎的理解に関する科目等の単位は教科によって内容が異なるものではないことから、このような科目の単位の修得を要せず免許状を取得することができます（免許法別表第4、免許法施行規則第15条）。

　免許法別表第4では、取得しようとする免許状の「教科に関する専門的事項に関する科目」及び「各教科の指導法に関する科目」について定められた数の単位を修得し、教育職員検定の手続を経ることで、他の教科の免許状の取得が可能であることを定めています。

　この場合の免許状の取得に用いることができる単位を修得する方法としては、大学等の教職課程で単位を修得する方法のほかに、免許法認定講習・公開講座・通信教育を受講する方法があります（免許法別表第4備考第3号）。この講習等については、Q34を参照してください。

　また、例えば理科の二種免許状を有する方が理科の一種免許状を取得するケースのように、同教科の下位の免許状を有している場合は、修得が必要な単位数を更に減らすことが可能です（免許法別表第4備考第4号）。

　更に、免許法第16条の4第1項により授与される高等学校の一種免許状（柔道、剣道、情報技術、建築、インテリア、デザイン、情報処理及び計算実務）を有する方についても、別表第4を用いてそれぞれ高等学校の保健体育、工業又は商業の一種免許状の授与が可能です（免許法別表第4備考第5号）。その際に、基礎となる免許状の教科は取得しようとする免許状の教科の一部であるため、修得が必要な単位が5単位程度軽減されます（免許法施行規則第

15 条第 2 項)。

　この方法で取得する場合には、都道府県教育委員会に授与申請する必要があります。申請の方法については、Q 30 の「2　必要な手続」を参照してください。

Q32　中学校の免許状を持って教師として勤務してきましたが、小学校の免許状も取りたいと考えています。このように、ほかの学校種の免許状を取るためには、大学の教職課程で取る以外にどのような方法がありますか。

A

　中学校や小学校において特定の教科のみを担当する小学校専科としての勤務経験（3 年以上）をもとに、認定講習・認定公開講座・認定通信教育で規定の単位（この場合は 12 単位）を修得することによって、小学校の二種免許状を取得することができます（免許法別表第 8）。

（1）修得しなければならない単位

　別表第 8 による小学校の免許状の授与の際は、例えば各教科の指導法に関する科目については取得済みの中学校の免許状の教科に相当する教科以外の単位を修得する必要があります（免許法施行規則第 18 条の 2 表備考第 2 号）。修得が必要な単位については、教育委員会規則に定められている部分もありますので、まずは都道府県教育委員会にご確認ください。

　また、別表第 8 に定める最低在職年数である 3 年間を満たした上で、それに追加して取得しようとする免許状に相当する学校種での勤務経験があれば、その超える分の年数 × 3 単位分、修得が必要な単位数を減らすことが可能です。ただし、減らすことができる単位数は、別表第 8 に定める単位数の半数が上限となっています。例えば、中学校の免許状を有する方が小学校の免許状を取得

する場合、中学校での 3 年間の勤務経験に加えて、小学校での 2 年間の勤務経験がある場合には、別表第 8 に定めている最低修得単位の 12 単位のうち、6 単位まで減らすことが可能です（免許法施行規則第 18 条の 2 表備考第 4 号）。

この場合の免許状の取得に用いることができる単位を修得する方法としては、大学等の教職課程で単位を修得する方法のほかに、認定講習・認定公開講座・認定通信教育を受講する方法があります。この講習等については、Q 34 を参照してください。

（2）実務経験

最低在職年数に算入することができるのは、既に有している免許状と取得しようとする免許状に相当する学校（教科）の教師としての勤務経験です。例えば、中学校の免許状を有する方が小学校の免許状を取得する場合、中学校で教師として勤務した経験と小学校で教師として勤務した経験を用いることができます。

ただし、（1）の 2 段落目で説明した、追加の勤務経験として使用できるのは、取得しようとする免許状に相当する学校での勤務経験（免許法施行規則第 18 条の 2 表備考第 4 号に定められた学校種）に限られます。

また、教師としての勤務経験は、主幹教諭、指導教諭、教諭又は講師としての勤務経験に限られています。このため、臨時免許状で勤務していた助教諭の期間は、勤務経験として算入できません。

（3）免許状取得のための手続

この方法で取得する場合には、都道府県教育委員会に授与申請する必要があります。申請の方法については、Q 30 の「2　必要な手続」を参照してください。

（4）その他

今回の事例と同様に、中学校の免許状を基礎として高等学校の免許状を取得

する場合やその逆の場合については、それぞれ関連する教科（例えば、中学校の社会と高等学校の地理歴史又は公民（高等学校））について免許法別表第8を適用することができます。教科の組み合わせは、免許法施行規則第18条の3で定められています。

　なお、小学校の免許状を取得する方法としては、教員資格認定試験に合格し、都道府県教育委員会に授与申請をすることで小学校の二種免許状を取得することもできます（免許法第16条）。教員資格認定試験の詳細については、Q26を参照してください。

Q33　現職の教師の方が特別支援学校の免許状を取るためには、大学の教職課程で取る以外にどのような方法がありますか。

A

　特別支援学校の免許状を取得するためには、大学の教職課程で定められた単位を修得（免許法別表第1）するほか、免許状の授与権者である都道府県教育委員会が行う教育職員検定の手続により、より少ない単位で免許状を取得することが可能です（免許法別表第7）。

（1）修得しなければならない単位

　免許法別表第1で特別支援学校の免許状の取得には、専修免許状は50単位、一種免許状は26単位、二種免許状は16単位の修得が必要になりますが、実務経験を有する方については、別表第7により、専修免許状は15単位、一種免許状は6単位、二種免許状は6単位の修得で免許状が取得できます。

　修得が必要な単位については、まずは都道府県教育委員会にご確認ください。

　また、この場合の免許状の取得に用いることができる単位を修得する方法と

しては、大学等の教職課程で単位を修得する方法のほかに、認定講習・認定公開講座・認定通信教育を受講する方法があります。この講習等については、Q34を参照してください。

（2）実務経験

最低在職年数に算入することができるのは、原則として、既に有している免許状を取得した後に、特別支援学校の教師として勤務した経験の年数です。

特別支援学校の専修免許状や一種免許状の授与の際は、授与を受けようとする免許状に定められることとなる特別支援教育領域を担任する教師として在職した年数に限られます。これに対し、特別支援学校の二種免許状の授与の際は、幼稚園、小学校、中学校や高等学校の免許状の授与を受けた後に、幼稚園、小学校、中学校、義務教育学校、高等学校、中等教育学校や幼保連携型認定こども園の教師として在職した年数も含まれます。

（3）免許状取得のための手続

この方法で取得する場合には、都道府県教育委員会に授与申請する必要があります。申請の方法については、Q30の「2　必要な手続」を参照してください。

Q34　Q30〜Q33の単位は、大学の教職課程以外の講習でも取得できるそうですが、どのような講習でしょうか。

A

（1）単位の修得方法

Q30〜Q33のとおり、教師としての実務経験がある場合、授与権者である都道府県教育委員会が実施する教育職員検定により、専修免許状などの上位の免許状を取得したり、小学校の免許状を持っている方が中学校の免許状を取得するなど、別の学校種の免許状を取得することが可能です。

必要単位として、大学の教職課程の単位のほか、文部科学大臣の認定を受けたものであれば、大学等が開講する講習（認定講習）、大学の公開講座（認定公開講座）、通信教育（認定通信教育）（以下「認定講習等」という。）において修得した単位を使うことが可能です（免許法別表第3備考第6号）。

認定講習等の認定を受ける場合には、どの免許状の取得にその単位を使うことができるのかを特定する必要があります。認定講習等を受講する場合には、取得しようとしている免許状に対応した単位かどうかを確認してください。

（2）認定講習等を開設することができる主体

認定講習と認定通信教育を開設することができるのは、教職課程を有する大学、都道府県・指定都市・中核市の教育委員会、独立行政法人国立特別支援教育総合研究所とされています（免許法施行規則第36条第1項及び第46条第1項）。また、認定公開講座を開設することのできる者は、教職課程を有する大学のみとされています（免許法施行規則第43条の4）。

ここで、教職課程を有する大学とは、どんな種類の免許状の教職課程でもよいわけではなく、開講しようとしている認定講習等が対象としている免許状に相当する免許状の教職課程である必要があります。

また、教育委員会が認定講習や認定通信教育を開設する場合は、教職課程を有する大学の指導の下に運営しなければならないこととされています（免許法

施行規則第 36 条第 2 項及び第 46 条第 2 項)。

（3）認定講習等の単位認定

　認定講習や認定公開講座における単位は、開設者が当該単位の課程として定めた授業時数について、それぞれ 5 分の 4 以上出席し、開設者の行う試験、論文、報告書その他による成績審査に合格した者に授与するものとされています（免許法施行規則第 38 条及び第 43 条の 5 ）。

　また、認定通信教育における単位は、通信教育の課程を修了し、開設者の行う試験、論文、報告書その他による成績審査に合格した者に授与するものとされています（免許法施行規則第 47 条）。

（4）留意事項

　授与権者である都道府県教育委員会がそれぞれ定める教育職員検定の基準によっては、一部の認定講習等の単位を用いることができない場合があるほか、在職年数に応じて必要単位数を減じる特例が適用される場合がありますので、認定講習等を受講する前に、授与権者に対しどの科目の単位を何単位修得する必要があるのかご確認ください。

　大学や教育委員会で認定講習等を開設することを検討されている場合には、具体的な開設の方法について、毎年度文部科学省が大学、教育委員会等に向けて発出している「免許法認定講習・免許法認定公開講座及び免許法認定通信教育申請書類等の作成・提出の方法の変更について（事務連絡）」を参照してください。認定講習等の受講を検討されている場合には、開講されている認定講習等や、受講の注意点などについて、下記のウェブサイトをご覧ください。

　＜参考になるウェブサイト＞
○免許法認定講習・公開講座・通信教育（既に教員免許状を持っている人が、他の校種・教科等の免許状を取得する方法）
https://www.mext.go.jp/a_menu/shotou/kyoin/010602.htm

5

免許状の管理方法

Q35　不祥事を起こした教師を懲戒免職（解雇）しました。この場合、免許状はどうなるのでしょうか。また、教育委員会や私立学校ではどのような事務が必要でしょうか。

A

　不祥事により懲戒免職（解雇）された教師の免許状は原則失効しますが、教師が公立学校か国立・私立学校のどちらに勤務しているかによって、その取扱いは異なります。なお、不祥事により禁錮刑以上の刑に処せられた場合（執行猶予の場合を含む。）は、懲戒免職（解雇）の有無にかかわらず、その免許状はただちに失効します。

（1）公立学校の場合

　不祥事により公立学校の教師が懲戒免職の処分を受けた場合、その者が有する免許状はただちに失効します（免許法第10条第1項）。

（2）国立・私立学校の場合

　不祥事により国立学校の教師が懲戒解雇の処分を受けた場合、その学校が附

属する国立大学の学長が速やかにその旨を免許管理者（都道府県教育委員会）に通知する必要があります（免許法第14条）。また、私立学校の教師が懲戒解雇の処分を受けた場合、その私立学校を設置する学校法人等において速やかにその旨を都道府県知事（指定都市・中核市の区域内の幼保連携型認定こども園の教師については当該指定都市・中核市の長）に報告しなければなりません（免許法第14条の2）。また、都道府県知事（指定都市・中核市の長）は、その旨を免許管理者に通知する必要があります（免許法第14条）。このとき、懲戒解雇の事由が児童生徒等への性暴力等を行ったことである場合は、その旨を添えて通知・報告しなければなりません（教員性暴力防止法施行規則第2条及び免許法施行規則第74条の3）。

　これらの通知を受けた免許管理者は、その懲戒解雇の事由が公立学校の教師の懲戒免職の事由に相当するものであると認められるときに、その免許状を取り上げなければなりません（免許法第11条）。国立・私立学校の教師が懲戒解雇となった場合に、その免許状の失効について、免許管理者の判断を介在させることとしているのは、国立・私立学校の教師の懲戒解雇の基準は就業規則等により様々であることを踏まえ、免許状の取扱いの平等性を担保するためです。

　なお、免許管理者による免許状の取上げ処分は不利益処分に該当することから、事前の聴聞手続が必要であり、免許管理者がこの聴聞を行う場合は聴聞の期日の30日前までに、取上げ処分の対象者に対し行政手続法による通知をしなければなりません（免許法第12条）。

（3）免許状が失効した場合の免許管理者、授与権者の対応

　免許管理者は、（1）（2）により免許状が失効したときや免許状取上げの処分を行ったときは、その免許状の種類、失効又は取上げの事由、その者の氏名及び本籍地等を官報に公告する必要があります（免許法第13条第1項）。官報に公告しなければならない事項は、免許法施行規則第74条の2に詳しく定められています。特に、懲戒免職処分又は取上げ処分による失効の場合[注]には、

次のいずれの理由によるものであるかの別も含めて公告する必要があります。

①教員性暴力防止法第2条第3項に規定する児童生徒性暴力等

②わいせつな行為又はセクシュアル・ハラスメント（①に該当するものを除く。）

③交通法規違反又は交通事故

④教員の職務に関し行った非違（①から③までに該当するものを除く。）

⑤①から④までに掲げる理由以外の理由

また、その旨を免許状が失効した者の所轄庁とその免許状を授与した授与権者に通知しなければなりません（免許法第13条第1項）。授与権者は、免許状が失効したときは、その旨を原簿に記入して、その情報を管理します（免許法第13条第2項）。

（4）失効した免許状の返納

懲戒免職（解雇）や禁錮刑以上の刑に処せられたことにより免許状が失効した場合は、速やかにその免許状を免許管理者に返納しなければなりません（免許法第10条第2項）。

免許法において、免許状の返納義務を有するにもかかわらず、免許状を返納しなかった場合は10万円以下の過料に処するとの罰則が定められています（免許法第23条）。

なお、免許状が失効したにもかかわらず、返納されていない場合であっても、文部科学省が配布している官報情報検索ツールにより、採用権者において採用候補者の免許状の失効の有無を確認することができます。

（5）免許状の再授与

懲戒免職（解雇）により免許状が失効となった場合は、免許状が失効した日から3年間は欠格期間となり、免許状の授与を受けることができなくなります（免許法第5条第1項第4号及び第5号）。また、禁錮刑以上の刑に処せられた場合は、その刑が消滅しない限り免許状を再度取得することができません。

　所定の欠格期間を過ぎた場合は、通常の免許状の授与と同じ要件、手続によって免許状を再授与されることが可能です。ただし、児童生徒等への性暴力等を行ったことを事由として免許状が失効となった場合は、免許状の再授与に厳しい制限がかけられます。詳細は、Q 36 をご覧ください。

（注）　公立学校教師の懲戒免職処分による失効の場合、国立・私立学校教師の懲戒解雇に基づく免許法第 11 条第 1 項の規定による取上げの場合及び懲戒免職又は解雇された校長、副校長、教頭、実習助手若しくは寄宿舎指導員に対する同条第 3 項の規定による取上げの場合。

Q36　児童生徒へわいせつ行為を行った教師を懲戒免職（解雇）しました。将来この者が再び教師として勤務することは防げないのでしょうか。

A

　児童生徒等への性暴力等（以下「児童生徒性暴力等」という。）を行った者が免許状を再取得し、教師等として復職することについては、教員性暴力防止法により極めて厳しい制限が課せられています。

（1）免許状の再授与の制限

　教員性暴力防止法では、施行日である令和4年4月1日以降に児童生徒性暴力等を行ったことにより免許状が失効等となった者（以下「特定免許状失効者等」という。）への免許状の再授与については、改善更生の状況その他その後の事情により授与が適当であると認められない限り、授与できないこととしています（教員性暴力防止法第22条）。

　具体的には、特定免許状失効者等が免許状の再授与を希望する場合、授与権者（都道府県教育委員会）に対し、授与申請の前提となる基礎的な情報を示す書類に加え、改しゅんの情が顕著であり、再び児童生徒性暴力等を行わないことの高度の蓋然性を証明し得る書類を提出する必要があります。授与権者においては、提出書類に基づき、加害行為の重大性、本人の更生度合い、被害者及びその関係者の心情等に照らして、授与の適否について総合的に判断します。このとき、過去の加害行為に高い悪質性が認められる場合や、児童生徒性暴力等を再び行う蓋然性が少しでも認められる場合は、原則再授与はされません。また、授与権者が再授与を行う場合、原則として、学識経験者で構成される都道府県教育職員免許状再授与審査会の全会一致の賛成を得る必要があります。

　こうした仕組みにより、特定免許状失効者等へ免許状が再授与されるのは極めて例外的なケースに限定されるものと考えられます。

（2）教師等としての任命・雇用の制限

　教員性暴力防止法においては、国が特定免許状失効者等の氏名、免許状の失効・取上げの事由等に関するデータベース（以下「データベース」という。）を整備し、免許状の失効・取上げ事務を担う都道府県教育委員会が特定免許状失効者等についての情報を迅速に記録するとともに、教師等の任命権者・雇用者にこのデータベースの活用を義務付けています（教員性暴力防止法第7条第1項及び第15条）。

　データベースの活用により任命・雇用を希望する者が特定免許状失効者等に該当することが判明した場合、任命権者・雇用者においては、慎重に任命・雇用の判断を行うことが求められます。具体的には、教員性暴力防止法の基本理念（教師等による児童生徒性暴力等の根絶等）を踏まえ、当該希望者が児童生徒性暴力等を再び行わないことの高度の蓋然性を任命権者・雇用者としても改めて確認することが必要です。なお、このデータベースには、教員性暴力防止法の施行日（令和4年4月1日）より前の情報も含め、少なくとも40年間分の情報を記録することとされています。

　こうした仕組みにより、特定免許状失効者等が過去に児童生徒性暴力等を行ったことを秘匿して教師等として採用されることを防ぐこととなっています。

　<参考資料>
○教育職員等による児童生徒性暴力等の防止等に関する基本的な指針（令和4年3月18日文部科学大臣決定）⇒169ページ参照

Q37　**過去に免許状を取得していた人を教師として採用しようとしていますが、本人に確認すると、免許状を更新していなかったと言っています。教師として働いてもらうために何か手続は必要でしょうか。**

A

　まずは、過去に取得済みの免許状が更新制導入後（平成21年4月1日以降）に初めて免許状の授与を受けた方が有する免許状（新免許状）であるか、更新制導入前（平成21年3月31日以前）に初めて免許状の授与を受けた方が有する免許状（旧免許状）であるかを確認してください。

　更新制が導入されてから廃止されるまで（平成21年4月1日から令和4年6月30日まで）は、新免許状は、その授与の日の翌日から起算して10年を経過する日の属する年度の末日まで（有効期間）効力を持つこととされており、引き続き免許状を有効なものにするためには、有効期間の満了の際に免許状更新講習の課程の修了等を踏まえ免許状を更新することとされていました。

　また、旧免許状については、免許状を有する方の生年月日等によって10年ごとに設定される修了確認期限が付され、その期限までに免許状更新講習の課程を修了し、修了の確認を受ける手続をしなければ、現職の教師等については免許状が失効し、それ以外の方については免許状が使用できない休眠状態となることとされていました。

　更新制の廃止後（令和4年7月1日以後）は、新免許状の有効期間と旧免許状の修了確認の仕組みがなくなり、休眠状態となっていた旧免許状及び有効期間が令和4年7月1日以降の新免許状は、有効期間のない免許状とみなされます。そのため、特段の手続なく、これらの免許状を用いて教師として働くことが可能です。

　一方、現職の教師等であったときに修了確認期限を過ぎた旧免許状及び令和4年6月30日以前に有効期間が過ぎた新免許状は失効していることから、更新制廃止後に教師として働くためには免許状の再授与を受ける必要があります。

図6 令和4年7月1日以降の免許状の扱いについて（改正免許法施行時）

- **施行日（令和4年7月1日）時点で有効な免許状（休眠状態のものを含む）は、手続なく、有効期限のない免許状となる。**
- **施行日前に有効期限を超過した免許状の扱いは次のとおり。**

新・旧免許の別 （注1）	有効期限の日満了時点で 現職教師 （注2）	有効期限の日満了時点で 非現職教師 （ペーパーティーチャー等）
新免許状	失効	失効
旧免許状	失効	休眠

※失効した免許状については、都道府県教育委員会に再授与申請手続（注3）を行うことで、有効期限のない免許状の授与を受けることが可能。（注4）→https://www.mext.go.jp/a_menu/shotou/koushin/010/1314009_00001.htm

(注1) 新免許状、旧免許状の別は以下のとおり。
　新免許状：更新制導入後（平成21年4月1日以降）に初めて免許状の授与を受けた者が保有する免許状
　旧免許状：更新制導入前（平成21年3月31日以前）に初めて免許状の授与を受けた者が保有する免許状
　※旧免許状保有者が更新制導入後に新たに他の免許状の授与を受けた場合、新たに授与されたものを含め、「旧免許状」として取り扱われる。
　このため、同一の者が新・旧免許状を両方保有することはない。
　（例）平成21年3月31日以前に中学校の免許状を取得し、平成21年4月1日以降に小学校の免許状を取得した場合など

(注2)「現職」「非現職」の判定時点は、有効期限の日満了時点。「現職教師」には、産休・育休その他の休業・休職中の者等も含む。
　有効期限の日は、新免許状は生年月日に基づく証明書による、旧免許状は記載されている期限（育休その他の休業による割愛による（https://www.mext.go.jp/a_menu/shotou/koushin/003/index.htm）。
　※ただし、更新、延長・延期、免除等により、回復確認手続を行った場合はそれぞれの新たな期限が記載されている。

(注3) 再授与申請手続に必要な書類等については、各都道府県教育委員会が定めている。

(注4) 極めて例外的なケース（平成12年の免許法改正に伴う経過措置により授与された免許状）については、免許状が再授与されない場合がある。

(出典) 改正教育職員免許法施行後の教員免許状の取扱等について（周知）：文部科学省（mext.go.jp）

　免許状が失効しても、過去に免許状の取得のために用いた学位や単位は引き続き有効であるため、免許状の再授与申請の際に使用することが可能であり、教職課程を経て取得された免許状は、特段追加の単位等を修得することなく再授与が可能です。再授与に関する具体的な取扱いについては、授与権者である都道府県教育委員会にお問い合わせください。

　＜参考資料＞
○教育公務員特例法及び教育職員免許法の一部を改正する法律等の施行について（通知）（4文科教第444号令和4年6月21日）⇒200ページ参照

Column

旧免許状と新免許状

　令和4年6月30日までに授与された免許状のうち、更新制導入前（平成21年3月31日以前）に初めて免許状の授与を受けた方が有する免許状を旧免許状、更新制導入後（平成21年4月1日以降）に初めて免許状の授与を受けた方が有する免許状を新免許状といいます。新免許状には、10年間の「有効期間」の記載がありますが、旧免許状にはありません。

　旧免許状を有する方が更新制導入後に新たに他の免許状の授与を受けた場合、新たに授与されたものも含め、「旧免許状」として取り扱われます。このため、同一の者が新・旧免許状の両方を有していることはありません。
　平成12年の教育職員免許法等の一部を改正する法律（平成12年法律第29号）附則第2項各号及び第3項の経過措置により授与された免許状は、失効した場合再授与されません。このようなケースもあるため、再授与に当たっては都道府県教育委員会において現行法令に従って判断する必要があります。

Q38　結婚により氏名が変更になりましたが、免許状の手続は必要でしょうか。

A

　結婚により氏名を変更したとしても、戸籍等により個人の確認が可能であることから免許状の手続は特段不要です。ただし、希望する場合は氏名の書換えをその免許状を授与した都道府県教育委員会に願い出ることができます（免許法第15条）。また、氏名の書換えを行った上で旧姓を併記することも可能です。

　なお、教育委員会では、旧姓や通称名を併記する際は、住民票、戸籍抄本や戸籍謄本等で本人確認を行うように留意してください。

Q39　免許状を紛失してしまいましたが、再交付は可能ですか。

A

　免許状は失効や取上げの処分がない限り、その効力が変わることはないため、既存の有効な免許状を再交付してしまう等の誤認を避けた上で再交付を受けることができます（免許法第15条）。

　免許状の再交付の際には、紛失や破損の事実を客観的に証明することができる書類の提出が必要です。客観的な証明ができないものについては、原則再交付されませんので代わりに授与証明書を発行する等の対応が考えられます。

　授与証明書とは、授与権者である都道府県教育委員会が、該当者の方に既に免許状を授与したことを公的に証明するものです。授与証明書の申請は発行元の都道府県教育委員会でのみ可能です。

6

研修に関する制度

Q40　大学と教育委員会で組織する協議会では、どのようなことを協議するのでしょうか。

A

　教育公務員特例法第22条の7の規定に基づく協議会は、任命権者である教育委員会が、校長や教師としての資質の向上に関する指標を定めようとするときに、あらかじめ協議することとされているとともに、この指標に基づく校長や教師の資質の向上に関して必要な事項について協議するものとされています。大学と教育委員会との緊密な連携の下、教員等の養成・採用・研修の各段階を通じた一連の資質の向上のための取組を促進するために、この協議会を活用することは有効です。

　このため、協議会においては、任命権者である教育委員会と大学・教職大学院等が連携・協働して取り組む体制を確立すべく、文部科学大臣が定める指針では、例えば、以下の事項について積極的に協議を行うことが望まれるとされています。

（1）全般的事項

・指標に示された各事項の具体化及び重点化に関する共通理解

・教育委員会と大学・教職大学院との人事交流等を含めた連携体制の在り方

（2）養成・採用に関する事項

・中長期的な教員採用見込み者数の情報共有による適時・適切な教職課程の開設

・教職大学院のカリキュラムを含む大学における教員養成の取組、教育委員会における教員採用選考等に関する共通理解

・教職を目指す優秀な学生を引き付け、教師としての就職を促す方策

・特定分野に強みや専門性を有する教師の養成・採用の在り方

（3）研修に関する事項

・教育委員会における研修、大学・教職大学院における現職教師向けプログラム等に関する共通理解

・教育委員会と大学・教職大学院が連携・協働して実施する研修プログラムの在り方

・大学・教職大学院での学修と任命権者である教育委員会等が行う研修との関係の在り方

・教職大学院修了者等の高い学習意欲を持って学び続ける者へのインセンティブの在り方

Q41　令和4年の教育公務員特例法改正を受けた、新たな研修制度はどのようなものでしょうか。

A

　平成28年の教育公務員特例法改正により、任命権者である都道府県教育委員会等が、文部科学大臣の定める指針を参酌しつつ、その地域の実情に応じ、協議会における協議を経て、指標を策定し、指標を踏まえて教員研修計画を策定するという体系的な仕組みが整備されました。これを基盤として、今般の改正法による改正後の同法において、任命権者である都道府県教育委員会等が、校長や教師ごとに同法第22条の5第1項の研修等に関する記録（以下「研修等に関する記録」という。）を作成するとともに、同法第20条第2項の指導助言者である市町村教育委員会（以下「指導助言者」という。）が、これを活用して同法第22条の6の資質の向上に関する指導助言等（以下「資質の向上に関する指導助言等」という。）を行うことなどの制度が創設されたところです（令和5年4月1日施行）。

　変化の激しい時代においては、教師一人一人の置かれた状況に照らして、適切な現状把握と目標設定の下で、教師の個別最適な学び、協働的な学びが行われることが重要であるため、指導助言者と教師が、指標や教員研修計画を踏まえた上で、研修等に関する記録を活用しつつ、資質の向上に関する指導助言等として対話を重ねる中で、今後能力を伸ばす必要がある分野の研修などの資質の向上方策について、教師からの相談に応じ、資質の向上のための機会に関する情報を提供し、また、資質の向上に関する指導及び助言を行うことが必要です。この際、教師が可視化された学習履歴を自ら振り返り、指導助言者と対話する中で、自らの強みや弱み、今後伸ばすべき能力、学校で果たすべき役割などを踏まえ、必要な学びを俯瞰的かつ客観的に理解することが重要となります。

　これらの研修等に関する記録を活用した資質の向上に関する指導助言等に関しては、その基本的考え方が文部科学大臣が定める指針に明記されるととも

に、具体的内容が「研修履歴を活用した対話に基づく受講奨励に関するガイドライン」で定められています。

＜参考資料＞

○研修履歴を活用した対話に基づく受講奨励に関するガイドライン（令和4年8月 文部科学省）⇒ 211 ページ参照

○公立の小学校等の校長及び教員としての資質の向上に関する指標の策定に関する 指針（令和4年8月31日改正）

https://www.mext.go.jp/a_menu/shotou/kyoin/mext_01933.html

Q42　研修履歴の管理は、どのように行われるのでしょうか。

A

　任命権者である教育委員会は、教育公務員特例法第22条の5の規定に基づき、校長及び教員ごとに研修等に関する記録（研修履歴の記録）を作成する必要がありますが、同条第2項では、当該記録には、

　①研修実施者^(注)が実施する研修（第1号）

　②大学院修学休業により履修した大学院の課程等（第2号）

　③任命権者が開設した認定講習及び認定通信教育による単位の修得（第3号）

　④資質の向上のための取組のうち任命権者が必要と認めるもの（第4号）

を記載することとされています。

　④資質の向上のための取組のうち任命権者が必要と認めるものに含まれ得る研修等としては、職務研修として行われる市町村教育委員会等が実施する研修等、学校現場で日常的な学びとして行われる一定の校内研修・研究等、教師が自主的に参加する研修等があります。

　研修履歴の記録の内容については、研修名、研修内容、主催者、受講年度、

時期・期間・時間、場所（オンラインの場合はその旨）、研修属性（悉皆／希望など）、研修形態（対面集合型／オンデマンド型／同時双方向オンライン型／通信教育型など）、指標との関係、振り返りや気づきの内容、研修レポートなどの中から、研修の態様や性質に応じて、必須記録事項と記録が望ましい事項などを任命権者が定めることが想定されています。

　研修履歴の記録の方法については、法律上の記録の責任主体は任命権者である教育委員会ですが、実際には、情報システム上で機械的に記録されたり、学校管理職等が所属職員分をまとめて記録したり、教師個人が自ら記録したりするなど、様々な方法が想定されます。研修履歴を記録する媒体は、基本的には、情報システムや電子ファイルを中心としつつ、場合によっては紙媒体など様々な媒体が考えられます。

　この点、国は、研修履歴を記録する全国的な情報システムの構築について、令和5年度中のできるだけ早期の試行的な稼働を目指して、研修履歴を記録・活用する任命権者である教育委員会と十分な協議を行いながら、必要な機能等について調査研究を進めることとされています。その際、当該システムの運用に参画することが想定される独立行政法人教職員支援機構とも連携しつつ、教育委員会や大学・教職大学院、民間等が提供する研修コンテンツを一元的に収集・整理・提供する機能を備えたプラットフォームとの一体的構築についても併せて検討が進められる予定です。

　なお、研修履歴の記録は、教師の資質向上・能力開発に資することを目的に行われるものであり、記録すること自体が目的化したり、過度な負担とならないよう、記録の簡素化に留意する必要があるとされています。

　（注）「研修実施者」とは、教育公務員特例法第20条第1項に規定する研修実施
　　　者をいい、中核市の県費負担教職員の場合は当該中核市教育委員会、市町村
　　　が設置する中等教育学校（後期課程に定時制の課程のみを置くものを除く。）
　　　の県費負担教職員の場合は当該市町村教育委員会、それ以外の場合は任命権
　　　者のことを指します。

Q43　資質の向上に関する指導助言等とは、どのようなことを行うのでしょうか。

A

　指導助言者^(注)は、教育公務員特例法第22条の6の規定に基づき、校長や教師がその職責、経験と適性に応じた資質の向上のための取組を行うことを促進するため、当該校長や教師の資質の向上に関する指導助言等を行うとされており、その際、指標や教員研修計画を踏まえるとともに、研修履歴に係る情報を活用するものとされています。基本的には、人事評価に関わる期首面談や期末面談の機会を活用して、校長等の学校管理職と教師が、指標や教員研修計画を踏まえた上で、研修履歴を参照しつつ、対話を重ねる中で、今後能力を伸ばす必要がある分野の研修などの資質の向上方策について、教師からの相談に応じ、研修機会に関する情報提供や受講奨励を行うこととなります。

　具体的なイメージは次のとおりです。

（期首面談の場）
・学校管理職等は、①指標・教員研修計画や教師個人の職責・経験・適性に照らした人材育成、②学校が目指す教育を進めるために必要な専門性・能力の確保などの観点から、過去の研修履歴を活用した研修受講の奨励（情報提供や指導助言）を行う
・教師は、①自らの専門職性を高めるために主体的に学びをマネジメントしたり、②学校を支える力を獲得・強化する観点から自らの職能開発のニーズも踏まえた目標設定をする

（期末面談の場）
・学校管理職等は、当該年度の繁忙状況等を考慮した上での教師個人の職能開発の参加状況、ＯＪＴや校内研修等の実施状況を踏まえ、研修履歴を振り返りながら、今後の資質向上のための指導助言を行う
・教師は、研修履歴を活用しつつ、ＯＪＴや校内研修、校外研修などに

よる学びの成果や自らの成長実感、今後の課題などを振り返る

・学校管理職等と教師が、これらを通じて、成長段階に応じて指標に定
められた資質能力がどれくらい身に付けられているかを確認・共有す
るほか、次年度以降の職能開発の目標を話し合う

　なお、校長に対しては、服務監督権者である教育委員会の教育長や事務局職
員等が資質の向上に関する指導助言等の主体となることが想定されます。ま
た、県費負担教職員の場合には、この期首・期末面談等の時期に合わせて、研
修履歴の記録の作成主体である都道府県教育委員会から、指導助言者である市
町村教育委員会に対し、そして、更にその服務監督下にある校長等に対し、研
修履歴の記録の情報が提供されることになります。

　（注）　「指導助言者」とは、教育公務員特例法第 20 条第 2 項に規定する指導助言
　　　　者をいい、県費負担教職員の場合は市町村教育委員会、それ以外の場合は任
　　　　命権者のことを指します。

Ⅲ　別表

　以下に掲載する表は、免許法別表第1から第8までに示された、大学において修得することを必要とする最低単位数について、免許法施行規則に定められた履修すべき科目等のポイントを簡略化して示したものです。

　免許状の取得には、この表に示された最低単位数を修得することに加えて、学位を有すること等の基礎資格が必要です。

　詳細はＱ＆Ａの該当箇所を参照するとともに、正確な内容は、免許法及び免許法施行規則の条文を確認してください。また、教育委員会規則でさらに具体的に定められている部分もありますので、免許状を取得する際には、大学や都道府県の教育委員会にも確認してください。

Ⅲ
別表

免許法別表第1関係

表1　履修すべき科目等【幼稚園】（免許法施行規則第2条）

	科目	各科目に含めることが必要な事項	専修	一種	二種
(1)	領域及び保育内容の指導法に関する科目※8	イ　領域に関する専門的事項※1 ロ　保育内容の指導法（情報機器及び教材の活用を含む。）※2	16	16	12
(2)	教育の基礎的理解に関する科目※6、8	イ　教育の理念並びに教育に関する歴史及び思想 ロ　教職の意義及び教員の役割・職務内容（チーム学校運営への対応を含む。） ハ　教育に関する社会的、制度的又は経営的事項（学校と地域との連携及び学校安全への対応を含む。） ニ　幼児、児童及び生徒の心身の発達及び学習の過程 ホ　特別の支援を必要とする幼児、児童及び生徒に対する理解（1単位以上修得） ヘ　教育課程の意義及び編成の方法（カリキュラム・マネジメントを含む。）※3、4	10	10	6
(3)	道徳、総合的な学習の時間等の指導法及び生徒指導、教育相談等に関する科目※6、8	イ　教育の方法及び技術（情報機器及び教材の活用を含む。）※4 ロ　幼児理解の理論及び方法 ハ　教育相談（カウンセリングに関する基礎的な知識を含む。）の理論及び方法	4	4	4
(4)	教育実践に関する科目※6	イ　教育実習（5単位）※5 ロ　教職実践演習（2単位）	7	7	7
(5)	大学が独自に設定する科目※7		38	14	2
			75	51	31

※1　健康、人間関係、環境、言葉及び表現のうち1以上の科目について修得する。

※2　保育内容の指導法の単位のうち、半数までは、小学校の免許状を取得するための各教科の指導法又は特別活動の指導法の単位を用いることができる。

※3　教育課程の意義及び編成の方法は、(3)の科目に含めて履修することもできる。

※4　教育課程の意義及び編成の方法と教育の方法及び技術の単位のうち、2単位（二種免許状については1単位）までは、小学校の免許状を取得するための単位を用いることができる。

※5　事前事後指導の1単位を含むことが必要。
　　学校体験活動の単位を2単位まで用いることもできる。
　　幼稚園、小学校等における教員としての経験年数1年について1単位の割合で(1)ロ、(2)、(3)、(4)ロの科目の単位を用いることができる。

※6　以下の科目・事項については、小学校、中学校又は高等学校の免許状を取得するためのそれぞれの科目の単位を用いることができる。
　　(2)の科目　8単位（二種免許状については6単位）まで
　　(3)の科目　2単位まで
　　教育実習　3単位まで（ただし、教育実習の単位として学校体験活動の単位を用いる場合には、認められない。）
　　教職実践演習　2単位まで

※7　大学が独自に設定する科目の単位として用いることができるのは、以下の単位。

(1)から(4)までの科目の単位のうち、各欄に示した最低修得単位数を超えて修得した単位
(1)から(4)までの科目に準ずる科目の単位
指定大学が加える科目の単位

※8　専修免許状と一種免許状を取得する場合、(1)、(2)、(3)の科目については、専修免許状と一種免許状の欄に示した単位数から二種免許状の欄に示した単位数を差し引いた単位数までは、指定大学が加える科目の単位を用いることができる。

表2　履修すべき科目等【小学校】（免許法施行規則第3条）

	科目	各科目に含めることが必要な事項	専修	一種	二種
(1)	教科及び教科の指導法に関する科目※8	イ　教科に関する専門的事項※1 ロ　各教科の指導法（情報通信技術の活用を含む。）※2	30	30	16
(2)	教育の基礎的理解に関する科目※6、8	イ　教育の理念並びに教育に関する歴史及び思想 ロ　教職の意義及び教員の役割・職務内容（チーム学校運営への対応を含む。） ハ　教育に関する社会的、制度的又は経営的事項（学校と地域との連携及び学校安全への対応を含む。） ニ　幼児、児童及び生徒の心身の発達及び学習の過程 ホ　特別の支援を必要とする幼児、児童及び生徒に対する理解（1単位以上修得） ヘ　教育課程の意義及び編成の方法（カリキュラム・マネジメントを含む。）※3、4	10	10	6
(3)	道徳、総合的な学習の時間等の指導法及び生徒指導、教育相談等に関する科目※6、8	イ　道徳の理論及び指導法（専修・一種：2単位、二種：1単位） ロ　総合的な学習の時間の指導法 ハ　特別活動の指導法 ニ　教育の方法及び技術 ホ　情報通信技術を活用した教育の理論及び方法（1単位以上修得） ヘ　生徒指導の理論及び方法 ト　教育相談（カウンセリングに関する基礎的な知識を含む。）の理論及び方法 チ　進路指導及びキャリア教育の理論及び方法	10	10	6
(4)	教育実践に関する科目※6	イ　教育実習（5単位）※5 ロ　教職実践演習（2単位）	7	7	7
(5)	大学が独自に設定する科目※7		26	2	2
			83	59	37

※1　国語（書写を含む。）、社会、算数、理科、生活、音楽、図画工作、家庭、体育及び外国語のうち1以上の教科について修得する。

※2　専修免許状と一種免許状は上記の各教科についてそれぞれ1単位以上、二種免許状は6以上の教科（音楽、図画工作又は体育の教科の指導法に関する科目のうち2以上を含む。）についてそれぞれ1単位以上を修得する。
また、生活の教科の指導法は2単位まで、特別活動の指導法は1単位まで、幼稚園の免許状を取得するための保育内容の指導法の単位を用いることができる。

※3　教育課程の意義及び編成の方法は、(3)の科目に含めて履修することもできる。

※4　教育課程の意義及び編成の方法と教育の方法及び技術の単位のうち、2単位（二種免許状については1単位）までは、幼稚園の免許状を取得するためのそれぞれの事項の単位を用いることができる。

※5　事前事後指導の1単位を含むことが必要。
学校体験活動の単位を2単位まで用いることもできる。
幼稚園、小学校等における教員としての経験年数1年について1単位の割合で(1)ロ、(2)、(3)、(4)ロの科目の単位を用いることができる。

※6　以下の科目・事項については、幼稚園、中学校又は高等学校の免許状を取得するための科目の単位を用いることができる。
(2)の科目　8単位（二種免許状については6単位）まで
(3)の科目　2単位まで
教育実習　3単位まで（ただし、教育実習の単位として学校体験活動の単位を用いる場合には、認められない。）
教職実践演習　2単位まで

※7　大学が独自に設定する科目の単位として用いることができるのは、以下の単位。
(1)から(4)までの科目の単位のうち、各欄に示した最低修得単位数を超えて修得した単位
(1)から(4)までの科目に準ずる科目の単位
指定大学が加える科目の単位

※8　専修免許状と一種免許状を取得する場合、(1)、(2)、(3)の科目については、専修免許状と一種免許状の欄に示した単位数から二種免許状の欄に示した単位数を差し引いた単位数までは、指定大学が加える科目の単位を用いることができる。

表3　履修すべき科目等【中学校】（免許法施行規則第４条）

科目		各科目に含めることが必要な事項	専修	一種	二種
(1)	教科及び教科の指導法に関する科目※7	イ　教科に関する専門的事項※1 ロ　各教科の指導法（情報通信技術の活用を含む。）（専修・一種：8単位以上、二種：2単位以上）※1、5	28	28	12
(2)	教育の基礎的理解に関する科目※4、5、7	イ　教育の理念並びに教育に関する歴史及び思想 ロ　教職の意義及び教員の役割・職務内容（チーム学校運営への対応を含む。） ハ　教育に関する社会的、制度的又は経営的事項（学校と地域との連携及び学校安全への対応を含む。） ニ　幼児、児童及び生徒の心身の発達及び学習の過程 ホ　特別の支援を必要とする幼児、児童及び生徒に対する理解（1単位以上修得） ヘ　教育課程の意義及び編成の方法（カリキュラム・マネジメントを含む。）※2	10	10	6
(3)	道徳、総合的な学習の時間等の指導法及び生徒指導、教育相談等に関する科目※4、5、7	イ　道徳の理論及び指導法（専修・一種：2単位、二種：1単位） ロ　総合的な学習の時間の指導法 ハ　特別活動の指導法 ニ　教育の方法及び技術 ホ　情報通信技術を活用した教育の理論及び方法（1単位以上修得） ヘ　生徒指導の理論及び方法 ト　教育相談（カウンセリングに関する基礎的な知識を含む。）の理論及び方法 チ　進路指導及びキャリア教育の理論及び方法	10	10	6
(4)	教育実践に関する科目※4、5	イ　教育実習（5単位）※3 ロ　教職実践演習（2単位）	7	7	7
(5)	大学が独自に設定する科目※6		28	4	4
			83	59	35

※1　別記のイ～カのいずれかの科目について1単位以上修得し、一般的包括的内容の科目を含む必要がある。

※2　教育課程の意義及び編成の方法は、(3)の科目に含めて履修することもできる。

※3　事前事後指導の1単位を含むことが必要。
　　学校体験活動の単位を2単位まで用いることもできる。
　　中学校・高等学校等における教員としての経験年数1年について1単位の割合で(1)ロ、(2)、(3)、(4)ロの科目の単位を用いることができる。

※4　以下の科目については、幼稚園、小学校又は高校の免許状を取得するためのそれぞれの科目の単位を用いることができる。
　　(2)の科目　8単位（二種免許状については6単位）まで
　　(3)の科目　2単位まで
　　教育実習　3単位まで（ただし、教育実習の単位として学校体験活動の単位を用いる場合には、認められない。）
　　教職実践演習　2単位まで

※5　音楽と美術の免許状については、各教科の指導法、(2)の科目、(3)の科目、(4)の科目の単位数の半数までは、教科に関する専門的事項の単位を用いることができる。この場合でも、以下の科目・事項について、下記の単位数は修得しなければならない。
　　各教科の指導法　1単位以上
　　(2)の科目　6単位（二種免許状の場合は3単位）以上
　　(3)の科目　6単位（二種免許状の場合は4単位）以上
　　教育実習　3単位以上

※6　大学が独自に設定する科目の単位として用いることができるのは、以下の単位。
　　(1)から(4)までの科目の単位のうち、各欄に示した最低修得単位数を超えて修得した単位
　　(1)から(4)までの科目に準ずる科目の単位
　　指定大学が加える科目の単位

※7　専修免許状と一種免許状を取得する場合、(1)、(2)、(3)の科目については、専修免許状と一種免許状の欄に示した単位数から二種免許状の欄に示した単位数を差し引いた単位数までは、指定大学が加える科目の単位を用いることができる。

別記

イ　国語　国語学（音声言語及び文章表現に関するものを含む。）、国文学（国文学史を含む。）、漢文学、書道（書写を中心とする。）

ロ　社会　日本史・外国史、地理学（地誌を含む。）、「法律学、政治学」、「社会学、経済学」、「哲学、倫理学、宗教学」

ハ　数学　代数学、幾何学、解析学、「確率論、統計学」、コンピュータ

ニ　理科　物理学、物理学実験（コンピュータ活用を含む。）、化学、化学実験（コンピュータ活用を含む。）、生物学、生物学実験（コンピュータ活用を含む。）、地学、地学実験（コンピュータ活用を含む。）

ホ　音楽　ソルフェージュ、声楽（合唱及び日本の伝統的な歌唱を含む。）、器楽（合奏及び伴奏並びに和楽器を含む。）、指揮法、音楽理論・作曲法（編曲法を含む。）・音楽史（日本の伝統音楽及び諸民族の音楽を含む。）

ヘ　美術　絵画（映像メディア表現を含む。）、彫刻、デザイン（映像メディア表現を含む。）、工芸、美術理論・美術史（鑑賞並びに日本の伝統美術及びアジアの美術を含む。）

ト　保健体育　体育実技、「体育原理、体育心理学、体育経営管理学、体育社会学、体育史」・運動学（運動方法学を含む。）、生理学（運動生理学を含む。）、衛生学・公衆衛生学、学校保健（小児保健、精神保健、学校安全及び救急処置を含む。）

チ　保健　生理学・栄養学、衛生学・公衆衛生学、学校保健（小児保健、精神保健、学校安全及び救急処置を含む。）

リ　技術　木材加工（製図及び実習を含む。）、金属加工（製図及び実習を含む。）、機械（実習を含む。）、電気（実習を含む。）、栽培（実習を含む。）、情報とコンピュータ（実習を含む。）

ヌ　家庭　家庭経営学（家族関係学及び家庭経済学を含む。）、被服学（被服製作実習を含む。）、食物学（栄養学、食品学及び調理実習を含む。）、住居学、保育学（実習を含む。）

ル　職業　産業概説、職業指導、「農業、工業、商業、水産」、「農業実習、工業実習、商業実習、水産実習、商船実習」

ヲ　職業指導　職業指導、職業指導の技術、職業指導の運営管理

ワ　英語　英語学、英語文学、英語コミュニケーション、異文化理解※

カ　宗教　宗教学、宗教史、「教理学、哲学」

※英語以外の外国語の免許状の授与を受ける場合の科目は、英語の場合の例による。
　上記の「　」内に示された事項については、そのうちの1以上の事項について修得する。ただしルのうちの「農業、工業、商業、水産」については、2以上の事項についてそれぞれ2単位以上修得する。

表4　履修すべき科目等【高等学校】（免許法施行規則第5条）

科目		各科目に含めることが必要な事項	専修	一種
(1)	教科及び教科の指導法に関する科目※8	イ　教科に関する専門的事項※1 ロ　　各教科の指導法（情報通信技術の活用を含む。）（専修・一種：4単位）※5、6	24	24
(2)	教育の基礎的理解に関する科目※4、5、6、8	イ　教育の理念並びに教育に関する歴史及び思想 ロ　教職の意義及び教員の役割・職務内容（チーム学校運営への対応を含む。） ハ　教育に関する社会的、制度的又は経営的事項（学校と地域との連携及び学校安全への対応を含む。） ニ　幼児、児童及び生徒の心身の発達及び学習の過程 ホ　特別の支援を必要とする幼児、児童及び生徒に対する理解（1単位以上修得） ヘ　教育課程の意義及び編成の方法（カリキュラム・マネジメントを含む。）※2	10	10
(3)	道徳、総合的な学習の時間等の指導法及び生徒指導、教育相談等に関する科目※4、5、6、8	イ　総合的な探究の時間の指導法 ロ　特別活動の指導法 ハ　教育の方法及び技術 ニ　情報通信技術を活用した教育の理論及び方法（1単位以上修得） ホ　生徒指導の理論及び方法 ヘ　教育相談（カウンセリングに関する基礎的な知識を含む。）の理論及び方法 ト　進路指導及びキャリア教育の理論及び方法	8	8
(4)	教育実践に関する科目※4、5、6	イ　教育実習（3単位）※3 ロ　教職実践演習（2単位）	5	5
(5)	大学が独自に設定する科目※7		36	12
			83	59

※1　別記イ～ムのいずれかの科目について1単位以上修得し、一般的包括的内容の科目を含む必要がある。

※2　教育課程の意義及び編成の方法（カリキュラム・マネジメントを含む。）は、(3)の科目に含めて履修することもできる。

※3　事前事後指導の1単位を含むことが必要。
　　学校体験活動の単位を1単位まで用いることもできる。
　　中学校、高等学校等における教員としての経験年数1年について1単位の割合で(1)ロ、(2)、(3)、(4)ロの科目の単位を用いることができる。

※4　以下の科目・事項については、幼稚園、小学校又は中学校の免許状を取得する場合のそれぞれの科目の単位を用いることができる。
　　(2)の科目　　8単位まで
　　(3)の科目　　2単位まで
　　教育実習　　2単位まで（ただし、教育実習の単位として学校体験活動の単位を用いる場合には、認められない。）
　　教職実践演習　　2単位まで

※5　数学、理科、音楽、美術、工芸、書道、農業、商業、水産及び商船の免許状については、各教科の指導法、(2)の科目、(3)の科目、(4)の科目の単位数の半数までは、教科に関する専門的事項の単位数を用いることができる。この場合でも、各科目について、以下の単位数は修得しなければならない。

　　各教科の指導法　１単位以上
　　(2)の科目　４単位以上
　　(3)の科目　５単位以上
　　教育実習　２単位以上

※６　工業の免許状については、各教科の指導法、(2)の科目、(3)の科目、(4)の科目の単位数については、教科に関する専門的事項の単位を用いることができる。

※７　大学が独自に設定する科目の単位として用いることができるのは、以下の単位。
　　(1)から(4)までの科目の単位のうち、各欄に示した最低修得単位数を超えて修得した単位
　　(1)から(4)までの科目に準ずる科目の単位
　　指定大学が加える科目の単位

※８　以下の科目については、指定大学が加える科目の単位を用いることができる。
　　(1)の科目　８単位まで
　　(2)の科目　６単位まで
　　(3)の科目　４単位まで

別記

イ　国語　国語学（音声言語及び文章表現に関するものを含む。）、国文学（国文学史を含む。）、漢文学

ロ　地理歴史　日本史、外国史、人文地理学・自然地理学、地誌

ハ　公民　「法律学（国際法を含む。）、政治学（国際政治を含む。）」、「社会学、経済学（国際経済を含む。）」、「哲学、倫理学、宗教学、心理学」

ニ　数学　代数学、幾何学、解析学、「確率論、統計学」、コンピュータ

ホ　理科　物理学、化学、生物学、地学、「物理学実験（コンピュータ活用を含む。）、化学実験（コンピュータ活用を含む。）、生物学実験（コンピュータ活用を含む。）、地学実験（コンピュータ活用を含む。）」

ヘ　音楽　ソルフェージュ、声楽（合唱及び日本の伝統的な歌唱を含む。）、器楽（合奏及び伴奏並びに和楽器を含む。）、指揮法、音楽理論・作曲法（編曲法を含む。）・音楽史（日本の伝統音楽及び諸民族の音楽を含む。）

ト　美術　絵画（映像メディア表現を含む。）、彫刻、デザイン（映像メディア表現を含む。）、美術理論・美術史（鑑賞並びに日本の伝統美術及びアジアの美術を含む。）

チ　工芸　図法・製図、デザイン、工芸制作（プロダクト制作を含む。）、工芸理論・デザイン理論・美術史（鑑賞並びに日本の伝統工芸及びアジアの工芸を含む。）

リ　書道　書道（書写を含む。）、書道史、「書論、鑑賞」、「国文学、漢文学」

ヌ　保健体育　体育実技、「体育原理、体育心理学、体育経営管理学、体育社会学、体育史」・運動学（運動方法学を含む。）、生理学（運動生理学を含む。）、衛生学・公衆衛生学、学校保健（小児保健、精神保健、学校安全及び救急処置を含む。）

ル　保健　「生理学、栄養学、微生物学、解剖学」、衛生学・公衆衛生学、学校保健（小児保健、精神保健、学校安全及び救急処置を含む。）

ヲ　看護　「生理学、生化学、病理学、微生物学、薬理学」、看護学（成人看護学、老年看護学及び母子看護学を含む。）、看護実習

ワ　家庭　家庭経営学（家族関係学及び家庭経済学を含む。）、被服学（被服製作実習を含む。）、食物学（栄養学、食品学及び調理実習を含む。）、住居学（製図を含む。）、保育学（実習及び家庭看護を含む。）、家庭電気・家庭機械・情報処理

カ　情報　情報社会・情報倫理、コンピュータ・情報処理（実習を含む。）、情報システム（実習を含む。）、情報通信ネットワーク（実習を含む。）、マルチメディア表現・マルチメディア技術（実習を含む。）、情報と職業

ヨ　農業　農業の関係科目、職業指導

タ　工業　工業の関係科目、職業指導

レ　商業　商業の関係科目、職業指導

ソ　水産　水産の関係科目、職業指導

ツ　福祉　社会福祉学（職業指導を含む。）、高齢者福祉・児童福祉・障害者福祉、社会福祉
　　援助技術、介護理論・介護技術、社会福祉総合実習（社会福祉援助実習及び社会福祉施設
　　等における介護実習を含む。）、人体構造に関する理解・日常生活行動に関する理解、加齢
　　に関する理解・障害に関する理解

ネ　商船　商船の関係科目、職業指導

ナ　職業指導　職業指導、職業指導の技術、職業指導の運営管理

ラ　英語　英語学、英語文学、英語コミュニケーション、異文化理解※

ム　宗教　宗教学、宗教史、「教理学、哲学」

※英語以外の外国語の免許状の授与を受ける場合の科目は、英語の場合の例による。

表5　履修すべき科目等【特別支援学校】（免許法施行規則第7条）

	科目		専修 ※5	一種	二種
(1)	特別支援教育の基礎理論に関する科目※1、6		2	2	2
(2)	特別支援教育領域に関する科目※2、3、6	イ　心身に障害のある幼児、児童又は生徒の心理、生理及び病理に関する科目 ロ　心身に障害のある幼児、児童又は生徒の教育課程及び指導法に関する科目	16	16	8
(3)	免許状に定められることとなる特別支援教育領域以外の領域に関する科目※4、6	イ　心身に障害のある幼児、児童又は生徒の心理、生理及び病理に関する科目 ロ　心身に障害のある幼児、児童又は生徒の教育課程及び指導法に関する科目	5	5	3
(4)	心身に障害のある幼児、児童又は生徒についての教育実習※7		3	3	3
			50 ※8	26	16

※1　(1)の科目には、以下の内容を含む。
・心身に障害のある幼児、児童又は生徒についての教育の理念並びに教育に関する歴史及び思想
・心身に障害のある幼児、児童又は生徒についての教育に係る社会的、制度的又は経営的事項

※2　イとロの科目は、次のように修得しなければならない。
①　視覚障害者又は聴覚障害者に関する領域を定める免許状の場合
　その領域に関するイ及びロの科目について合わせて8単位（二種免許状は4単位）以上を修得する。そのうち、イの科目について1単位以上、ロの科目について2単位（二種免許状は1単位）以上を含まなければならない。
②　知的障害者、肢体不自由者又は病弱者（身体虚弱者を含む。以下同じ。）に関する領域を定める免許状の場合
　その領域に関するイ及びロの科目について合わせて4単位（二種免許状は2単位）以上を修得する。そのうち、イの科目について1単位以上、ロの科目について2単位（二種免許状は1単位）以上を含まなければならない。

※3　領域の追加の場合には、追加しようとする領域の種類に応じて、上記の①②の方法で単位を修得する。この場合、免許状の授与を受けた際又は過去に領域の追加をした際に修得した単位のうちに、新たに追加しようとする領域に関する科目の単位がある場合には、それを用いることができる。

※4　視覚障害者、聴覚障害者、知的障害者、肢体不自由者及び病弱者に関する教育並びにその他障害により教育上特別の支援を必要とする者に対する教育に関する事項のうち、授与を受けようとする免許状に定められることとなる特別支援教育領域に関する事項以外の全ての事項を含まなければならない。

※5　専修免許状の取得のための単位については、大学の加える特別支援教育に関する科目の単位も用いることができる。

※6　専修免許状又は一種免許状授与については、(1)から(3)までの各科目の単位数から二種免許状に必要な各科目の単位数を差し引いた単位数までは、指定大学が加える科目の単位を用いることができる。

※7　事前事後指導の1単位を含むことが必要。
学校体験活動の単位を1単位まで用いることもできる。
特別支援学校における教員としての経験年数1年について1単位の割合で、(1)、(2)、(3)の科目の単位を用いることができる。

※8　(1)～(4)の26単位を含んで合計で50単位を修得する。

免許法別表第2関係

表6　履修すべき科目等【養護教諭】（免許法施行規則第9条）

科目		各科目に含めることが必要な事項	専修	一種 ※1	二種
(1)	養護に関する科目	衛生学・公衆衛生学（予防医学を含む。）	4	4	2
		学校保健	2	2	1
		養護概説	2	2	1
		健康相談活動の理論・健康相談活動の方法	2	2	2
		栄養学（食品学を含む。）	2	2	2
		解剖学・生理学	2	2	2
		「微生物学、免疫学、薬理概論」	2	2	2
		精神保健	2	2	2
		看護学（臨床実習及び救急処置を含む。）	10	10	10
(2)	教育の基礎的理解に関する科目※3、4	イ　教育の理念並びに教育に関する歴史及び思想 ロ　教職の意義及び教員の役割・職務内容（チーム学校運営への対応を含む。） ハ　教育に関する社会的、制度的又は経営的事項（学校と地域との連携及び学校安全への対応を含む。） ニ　幼児、児童及び生徒の心身の発達及び学習の過程 ホ　特別の支援を必要とする幼児、児童及び生徒に対する理解（1単位以上修得） ヘ　教育課程の意義及び編成の方法（カリキュラム・マネジメントを含む。）　※2	8	8	5

(3)	道徳、総合的な学習の時間等の内容及び生徒指導、教育相談等に関する科目※３、４	イ　道徳、総合的な学習の時間及び総合的な探究の時間並びに特別活動に関する内容 ロ　教育の方法及び技術（情報機器及び教材の活用を含む。） ハ　生徒指導の理論及び方法 ニ　教育相談（カウンセリングに関する基礎的な知識を含む。）の理論及び方法	6	6	3
(4)	教育実践に関する科目	イ　養護実習（５単位）※５ ロ　教職実践演習（２単位）	7	7	6
(5)	大学が独自に設定する科目　※６		31	7	4
			80	56	42

※１　一種免許状の修得単位については、学士の学位を基礎資格とする場合のものを示している。保健師又は看護師の免許を有している場合には、別の要件が定められており、その詳細については、免許法別表第２と免許法施行規則第９条の表備考第７号、第８号を参照。

※２　教育課程の意義及び編成の方法は、道徳、総合的な学習の時間等の指導法及び生徒指導、教育相談等に関する科目に含めて履修することもできる。

※３　以下の科目については、幼稚園、小学校、中学校又は高等学校の免許状を取得する場合のそれぞれの科目の単位を用いることができる。
(2)の科目　６単位（二種免許状は４単位）まで
(3)の科目　２単位まで

※４　以下の科目については栄養教諭の免許状を取得する場合のそれぞれの科目の単位を用いることができる。
(2)の科目　６単位（二種免許状の場合には４単位）まで
(3)の科目　８単位（二種免許状の場合には４単位）まで

※５　事前事後指導の１単位を含むことが必要。
学校体験活動の単位を２単位まで用いることもできる。
養護教諭、養護助教諭等としての経験年数１年について１単位の割合で、(2)、(3)、(4)ロの科目の単位を用いることができる。

※６　(5)の科目の修得方法は、次のとおり。
専修免許状
(1)から(4)までの科目の単位のうち、各欄に示した最低修得単位数を超えて修得した単位
一種・二種免許状
上記のものに加えて、(1)から(4)までの科目に準ずる科目の単位

免許法別表第 2 の 2 関係

表 7　履修すべき科目等【栄養教諭】（免許法施行規則第 10 条）

	科目	各科目に含めることが必要な事項	専修	一種	二種
(1)	栄養に係る教育に関する科目	栄養教諭の役割及び職務内容に関する事項	4	4	2
		幼児、児童及び生徒の栄養に係る課題に関する事項			
		食生活に関する歴史的及び文化的事項			
		食に関する指導の方法に関する事項			
(2)	教育の基礎的理解に関する科目※2、3	イ　教育の理念並びに教育に関する歴史及び思想 ロ　教職の意義及び教員の役割・職務内容（チーム学校運営への対応を含む。） ハ　教育に関する社会的、制度的又は経営的事項（学校と地域との連携及び学校安全への対応を含む。） ニ　幼児、児童及び生徒の心身の発達及び学習の過程 ホ　特別の支援を必要とする幼児、児童及び生徒に対する理解（1 単位以上修得） ヘ　教育課程の意義及び編成の方法（カリキュラム・マネジメントを含む。）　※1	8	8	5
(3)	道徳、総合的な学習の時間等の内容及び生徒指導、教育相談等に関する科目※2、3	イ　道徳、総合的な学習の時間及び及び総合的な探究の時間並びに特別活動に関する内容 ロ　教育の方法及び技術（情報機器及び教材の活用を含む。） ハ　生徒指導の理論及び方法 ニ　教育相談（カウンセリングに関する基礎的な知識を含む。）の理論及び方法	6	6	3
(4)	教育実践に関する科目	イ　栄養教育実習（2 単位）　※4 ロ　教職実践演習（2 単位）	4	4	4
(5)	大学が独自に設定する科目		24	－	－
			46	22	14

※1　教育課程の意義及び編成の方法（カリキュラム・マネジメントを含む。）は、道徳、総合的な学習の時間等の指導法及び生徒指導、教育相談等に関する科目に含めて履修することもできる。

※2　以下の科目については、幼稚園、小学校、中学校又は高等学校の免許状を取得する場合のそれぞれの科目の単位を用いることができる。
　(2)の科目　6 単位（二種免許状は 4 単位）まで
　(3)の科目　2 単位まで

※3　以下の科目については養護教諭の免許状を取得する場合のそれぞれの科目の単位を用いることができる。
　(2)の科目　6 単位（二種免許状の場合には 4 単位）まで
　(3)の科目　8 単位（二種免許状の場合には 4 単位）まで

※4　事前事後指導の 1 単位を含むことが必要。

免許法別表第3関係

表8 履修すべき科目等【同じ学校種の上位の免許状を取得する場合】（免許法施行規則第11条）

取得しようとする免許状		有していなければならない免許状	最低在職年数	最低修得単位数※	教科（領域）に関する専門的事項に関する科目	各教科（保育内容）の指導法に関する科目又は教諭の教育の基礎的理解に関する科目等	大学が独自に設定する科目
幼稚園	専修	一種免許状	3	15	－	－	15
	一種	二種免許状	5	45	4	20	6
	二種	臨時免許状	6	45	5	30	－
小学校	専修	一種免許状	3	15	－	－	15
	一種	二種免許状	5	45	4	21	5
	二種	臨時免許状	6	45	4	29	2
中学校	専修	一種免許状	3	15	－	－	15
	一種	二種免許状	5	45	10	16	4
	二種	臨時免許状	6	45	10	21	4
高校	専修	一種免許状	3	15	－	－	15
	一種	臨時免許状	5	45	10	12	8

※ 免許状を取得するために最低限修得が必要な単位数であり、この中には、教科（領域）に関する専門的事項に関する科目、各教科（保育内容）の指導法に関する科目又は教諭の教育の基礎的理解に関する科目等、大学が独自に設定する科目についてこの表にそれぞれ示された単位数を含めなければならない。
　幼稚園、小学校、中学校及び高等学校の免許状の各科目の単位の修得方法は、それぞれ別表第1に定める修得方法の例にならう。
　このほか、大学に2年又は3年以上在学した者等の単位の修得方法については免許法施行規則第11条第1項の表備考第2号〜第4号を参照。
　また免許法別表第3備考第7号の適用がある場合の単位の修得方法については免許法施行規則第13条及び第14条を参照。

免許法別表第 4 関係

表 9　履修すべき科目等【同じ学校種の他教科の免許状を取得する場合】（免許法施行規則第 15 条）

	取得しようとする免許状	有していなければならない免許状	最低修得単位数	教科に関する専門的事項に関する科目※1	各教科の指導法に関する科目※2	大学が独自に設定する科目※3
中学校	専修	専修免許状	52	20	8	24
	一種	専修免許状、一種免許状	28	20	8	
	二種	専修免許状、一種免許状、二種免許状	13	10	3	
高校	専修	専修免許状	48	20	4	24
	一種	専修免許状、一種免許状	24	20	4	

※1　教科に関する専門的事項に関する科目の修得方法は中学校の免許状取得の場合には別表第 1 に示した中学校の同科目の修得方法に、高等学校の免許状取得の場合には別表第 1 に示した高等学校の同科目の修得方法に、それぞれならう。

※2　各教科の指導法に関する科目は、取得しようとする教科についての指導法の単位を修得する。

※3　大学が独自に認定する科目は、別表第 1 に示した修得方法にならう。

免許法別表第 5 関係

表 10　履修すべき科目等【中学校、高等学校の実習に関する免許状】（免許法施行規則第 16 条）

取得しようとする免許状		最低修得単位数	教科に関する専門的事項に関する科目	各教科の指導法に関する科目又は教諭の教育の基礎的理解に関する科目等	大学が独自に設定する科目
中学校において職業実習を担任する教諭	専修	15			15
	一種	15	10	5	
	二種	20	10	10	
高等学校において看護実習、家庭実習、情報実習、農業実習、工業実習、商業実習、水産実習、福祉実習又は商船実習を担任する教諭	専修	15			15
	一種	10	5	5	

※　このほか、単位の修得方法について、免許法施行規則第 16 条第 2 項～第 5 項参照。

免許法別表第6関係

表11　履修すべき科目等【上位の養護教諭の免許状を取得する場合】（免許法施行規則第17条）

	取得しようとする免許状	有していなければならない養護教諭、養護助教諭の免許状	最低在職年数	最低修得単位数※1	養護に関する科目※4	養護教諭・栄養教諭の教育の基礎的理解に関する科目等※4	大学が独自に設定する科目※4
養護教諭	専修	一種	3	15			15
	一種	二種※2	3	20	8	6	2
	二種	臨時※3	6	30	14	8	2

※1　免許状を取得するために最低限修得が必要な単位数であり、この中には、養護に関する科目、養護教諭・栄養教諭の教育の基礎的理解に関する科目等、大学が独自に設定する科目についてそれぞれ定められた単位数を含んでいなければならない。

※2　免許法別表第2の二種免許状のロの項の規定により授与された二種免許を有する場合の単位の修得方法については、免許法別表第6備考第1号、免許法施行規則第17条第3項参照。

※3　保健師助産師看護師法第7条第3項の規定により看護師の免許を受けている場合の単位の修得方法については、免許法別表第6備考第2号、免許法施行規則第17条第3項参照。

※4　養護に関する科目、養護教諭・栄養教諭の教育の基礎的理解に関する科目等及び大学が独自に設定する科目の単位の修得方法は、別表第2により養護教諭の免許状を取得する場合の修得方法の例にならう。ただし、専修免許状の授与を受ける場合の大学が独自に設定する科目の単位のうち3単位までは、養護教諭・栄養教諭の教育の基礎的理解に関する科目等に準ずる科目の単位を用いることができる。

免許法別表第6の2関係

表12　履修すべき科目等【上位の栄養教諭の免許状を取得する場合】（免許法施行規則第17条の2）

	取得しようとする免許状	有していなければならない栄養教諭の免許状	最低在職年数	最低修得単位数※	管理栄養士学校指定規則別表第一に掲げる教育内容に係る科目	栄養に係る教育に関する科目	養護教諭・栄養教諭の教育の基礎的理解に関する科目等	大学が独自に設定する科目
栄養教諭	専修	一種	3	15				15
	一種	二種※	3	40	32	2	6	

※　栄養士法第2条第3項の規定により管理栄養士の免許を受けている場合については、免許法別表第6の2備考を参照。

免許法別表第6の2備考の規定の適用を受ける者の単位の修得方法は、免許法施行規則第17条の2第2項を参照。

免許法別表第7関係

表13　履修すべき科目等【上位の特別支援学校の免許状を取得する場合や小学校等の免許状を有する者が特別支援学校の免許状を取得する場合】（免許法施行規則第18条）

取得しようとする免許状		有していなければならない免許状	最低在職年数	最低修得単位数※
特別支援学校	専修	一種	3	15
	一種	二種	3	6
	二種	幼稚園、小学校、中学校、高等学校の普通免許状	3	6

※　単位の修得方法は、免許法別表第1により特別支援学校の免許状を取得する場合の例にならう。

免許法別表第8関係

表14　履修すべき科目等【他の学校種の免許状を取得する場合】（免許法施行規則第18条の2）

取得しようとする免許状の種類	有していなければならない普通免許状	最低在職年数	最低修得単位数※5	教科に関する専門的事項に関する科目	各教科（保育内容）の指導法に関する科目	道徳、総合的な学習の時間等の指導法及び生徒指導、教育相談等に関する科目				大学が独自に設定する科目※4
						道徳の理論及び指導法	生徒指導の理論及び方法	教育相談（カウンセリングに関する基礎的な知識を含む。）の理論及び方法	進路指導及びキャリア教育の理論及び方法	
幼稚園	小学校	3	6		6					
小学校	幼稚園	3	13		10※2	1			2	
	中学校	3	12		10※2				2	
中学校	小学校	3	14	10	2※3				2	
	高校	3	9		2※3	1			2	4
高等学校※1	中学校※1	3	12		2※3				2	8

※1　専修免許状又は一種免許状でなければならない。

※2　小学校の教科のうち5以上の教科の指導法に関する科目（幼稚園教諭の普通免許状を

有する場合は生活、中学校教諭の普通免許状を有する場合はその免許教科に相当する教科を除く。）についてそれぞれ２単位以上を取得する。

※３　取得しようとする免許教科ごとに修得する。

※４　大学が独自に設定する科目の修得方法は、第２条第１項の表備考第14号に定める修得方法の例にならう。高校の普通免許状を有する者が中学校の二種免許状を取得する場合の大学が独自に設定する科目の修得方法と、中学校の普通免許状（二種免許状を除く。）を有する者が高校の一種免許状を取得する場合の大学が独自に設定する科目の修得方法については、別記のとおり。

※５　最低在職年数に加えて、さらに取得しようとする免許状の学校種で追加の在職年数があるときは、その年数×３単位分（最低修得単位数の半数までを限度とする。）を修得したものとみなす。この場合の単位の修得方法は、免許法施行規則第18条の４、第18条の５を参照。

別記

高等学校教諭の普通免許状を有する者が中学校教諭の二種免許状を取得する場合には、次のように修得する。

国語の教科についての免許状を取得する場合には書道（書写を中心とする。）について１単位以上

地理歴史の免許状を有する者が社会の免許状を取得する場合には「法律学、政治学」、「社会学、経済学」及び「哲学、倫理学、宗教学」についてそれぞれ１単位以上

公民の免許状を有する者が社会の免許状を取得する場合には日本史・外国史及び地理学（地誌を含む。）についてそれぞれ１単位以上

理科の免許状を取得する場合には物理学実験（コンピュータ活用を含む。）、化学実験（コンピュータ活用を含む。）、生物学実験（コンピュータ活用を含む。）及び地学実験（コンピュータ活用を含む。）のうち３以上の科目についてそれぞれ１単位以上

美術の免許状を取得する場合には工芸について１単位以上

技術の免許状を取得する場合には木材加工（製図及び実習を含む。）、金属加工（製図及び実習を含む。）及び栽培（実習を含む。）についてそれぞれ１単位以上

中学校教諭の普通免許状（二種免許状を除く。）を有する者が高等学校教諭の一種免許状を取得する場合には、別表第１に定める高校の教科に関する専門的事項に関する科目について、次のように修得する。

地理歴史の免許状を取得する場合には高校の地理歴史の教科に関する専門的事項に関する科目のうち、１以上の科目について１単位以上

公民の免許状を取得する場合には高校の公民の教科に関する専門的事項に関する科目のうち１以上の科目について１単位以上

情報の免許状を取得する場合には高校の情報の教科に関する専門的事項に関する科目（情報社会・情報倫理及びコンピュータ・情報処理（実習を含む。）を除く。）についてそれぞれ１単位以上

工業の免許状を取得する場合には高校の工業の教科に関する専門的事項に関する科目についてそれぞれ２単位以上

家庭の免許状を取得する場合には住居学（製図を含む。）、保育学（実習及び家庭看護を含む。）及び家庭電気・家庭機械・情報処理についてそれぞれ１単位以上

IV 資料

● 高等学校等におけるメディアを利用して行う授業の実施に係る留意事項（通知）
（抄）

（27 文科初第 289 号平成 27 年 4 月 24 日）

（元文科初第 1114 号、2 文科初第 259 号、2 文科初第 1818 号一部改正）

　高等学校等（全日制及び定時制課程の高等学校、中等教育学校の後期課程並びに特別支援学校の高等部をいう。以下同じ。）における遠隔教育の実施に係る留意事項については、これまで、平成 27 年 4 月 24 日付け 27 文科初第 289 号「学校教育法施行規則の一部を改正する省令の施行等について（通知）」の記Ⅲ留意事項の第 1 のとおりお示しするとともに、令和元年 11 月 26 日付け元文科初第 1114 号「高等学校等におけるメディアを利用して行う授業に係る留意事項について（通知）」及び令和 2 年 5 月 15 日付け 2 文科初第 259 号「学校教育法施行規則の一部を改正する省令の施行について（通知）」により補足してきたところです。

　このたび、令和 3 年 2 月 26 日付け 2 文科初第 1818 号「高等学校等における遠隔教育の実施に係る留意事項について（通知）」により、同留意事項の一部を改正することに伴い、改正後の高等学校等におけるメディアを利用して行う授業の実施に係る留意事項の全文について、以下のとおりお示ししますので、遠隔教育の実施に当たって御留意いただきますようお願いします。

　なお、以下の記載において、施行規則とは学校教育法施行規則（昭和 22 年文部省令第 11 号）を、高等学校等とは全日制及び定時制課程の高等学校、中等教育学校の後期課程並びに特別支援学校の高等部を、メディアを利用して行う授業とは学校教育法施行規則第 88 条の 3 の規定に基づき、多様なメディアを高度に利用して、授業を行う教室等以外の場所で履修させる授業を、それぞれ示すものとします。

第 1　施行規則第 88 条の 3、第 96 条第 2 項等関係

1　学校教育法（昭和 22 年法律第 26 号。以下この節において「法」という。）、施行規則及び高等学校設置基準（平成 16 年文部科学省令第 20 号）等の関係法令に基づく授業とすること。特に、以下のような事項に留意すること。

⑴　高等学校及び中等教育学校の後期課程にあっては、高等学校設置基準第 7 条の規定に基づき、同時に授業を受ける一学級の生徒数は原則として 40 人以下とすること。この場合、受信側の教室等のそれぞれの生徒数が 40 人以下であっても、それ

らを合わせて40人を超えることは原則として認められないこと。

　　特別支援学校の高等部にあっては、施行規則第120条第2項の規定に基づき、同時に授業を受ける一学級の生徒は原則として15人以下を標準とすること。この場合、15人とは配信側及び受信側の教室等の合計数であることに留意すること。

⑵　法第60条第1項から第3項及び第5項等の規定に基づき、配信側の教員は受信側の高等学校等の身分を有する必要があること。具体的には、配信側の教員が受信側の高等学校等の本務の教員ではないときは、兼務発令等により受信側の高等学校等の教員の身分を配信側の教員に持たせる等の必要があること。

⑶　教育職員免許法（昭和24年法律第147号）の規定に基づき、配信側の教員は学校種や教科等に応じた相当の免許状を有する者である必要があること。

⑷　法第34条の規定を準用する同法第62条等の規定に基づき、教科用図書、教材等は文部科学大臣の検定を経た教科用図書等を使用しなければならないこと。特別支援学校の高等部にあっては、施行規則第131条第2項の規定にも留意すること。

⑸　単位認定等の評価は、当該授業を担当する教員たる配信側の教員が、必要に応じて、受信側の教員の協力を得ながら行うべきものであること。

　2　高等学校等の教育は、心身の発達に応じて行うこと等を目的とするものであり、高等学校等の生徒の特性に鑑み、机間巡視や安全管理を行う観点から、原則として、受信側の教室に当該高等学校等の教員を配置するべきであること。特に、特別支援学校の高等部にあっては、当該生徒の障害の状態等に応じた十分な配慮が求められること。

　　なお、受信側の教室に配置すべき教員は、当該教科の免許保有者であるか否かは問わないこと。

　　ただし、病室等において、疾病による療養のため又は障害のため相当の期間学校を欠席すると認められる生徒に対し、施行規則第88条の3の規定に基づきメディアを利用して行う授業の配信を行う場合その他の特別な事情が認められる場合には、受信側の病室等に当該高等学校等の教員を配置することは必ずしも要しないこと。なお、その場合には、当該高等学校等と保護者が連携・協力し、当該生徒の状態等を踏まえ、体調の管理や緊急時に適切な対応を行うことができる体制を整えるようにすること。受信側の病室等で当該対応を行う者としては、例えば、保護者自身、保護者や教育委員会等が契約する医療・福祉関係者等が考えられること。また、受信側の病室等に当該高等学校等の教員を配置しない場合にも、配信側の教員

は受信側の病室等で当該対応を行う者と連携・協力し、当該生徒の日々の様子及び体調の変化を確認すること。

●小・中学校等における病気療養児に対する同時双方向型授業配信を行った場合の指導要録上の出欠の取扱い等について（通知）（抄）

（30 文科初第 837 号平成 30 年 9 月 20 日）

第 2　指導要録上の取扱い等

　小・中学校等において、当該学校に在籍する病院や自宅等で療養中の病気療養児に対し、受信側に教科等に応じた相当の免許状を有する教師を配置せずに同時双方向型授業配信を行った場合、校長は、指導要録上出席扱いとすること及びその成果を当該教科等の評価に反映することができることとする。

　なお、同時双方向型授業配信を行うに当たっては、学校教育法（昭和 22 年法律第 26 号）、学校教育法施行規則（昭和 22 年文部省令第 11 号）、小・中学校の設置基準及び学習指導要領等の関係法令の規定に留意して行う必要があること。特に、以下のような事項に留意すること。

⑴　教育職員免許法（昭和 24 年法律第 147 号）の規定を踏まえ、配信側の教師は、当該病気療養児が在籍する学校の教師の身分を有する者であり、中学校等においては同時双方向型授業配信を行う教科等に応じた相当の免許状を有する者である必要があること。

⑵　配信側及び受信側で同時に授業を受ける一学級の児童生徒の合計数は、小学校、中学校、義務教育学校、中等教育学校の前期課程にあっては、小学校設置基準（平成 14 年文部科学省令第 14 号）第 4 条及び中学校設置基準（平成 14 年文部科学省令第 15 号）第 4 条の規定を踏まえ、原則として 40 人以下とすること。特別支援学校の小・中学部にあっては、学校教育法施行規則第 120 条第 2 項の規定を踏まえ、視覚障害者又は聴覚障害者である児童生徒に対する教育を行う学級では原則として 10 人以下を、知的障害者、肢体不自由者又は病弱者（身体虚弱者を含む。）である児童生徒に対する教育を行う学級では原則として 15 人以下を標準とすること。

⑶　教室等で授業を受ける場合と同様、教科用図書や教材については、学校教育法第 34 条（同法第 49 条、第 49 条の 8 、第 70 条第 1 項、第 82 条において準用する場合を含む。）の規定や「学校における補助教材の適切な取扱いについて」（平成 27

年3月4日付け26文科初第1257号文部科学省初等中等教育局長通知）等に基づき、適切に対応すること。なお、小・中学校等のうち、特別支援学級及び特別支援学校の小・中学部にあっては、同法附則第9条の規定にも留意すること。

第3　留意事項

本取扱いに当たっての留意事項は、以下のとおりであること。

2　受信側は、学校と保護者が連携・協力し、病気療養児の状態等を踏まえ、体調の管理や緊急時に適切な対応を行うことができる体制を整えること。受信側で当該対応を行う者としては、例えば、保護者自身、保護者や教育委員会等が契約する医療・福祉関係者等が考えられること。

4　配信側の教室等において実施している授業を配信する場合だけでなく、配信を行う場所には教師だけがいて、授業を受けている児童生徒がいない場合も同時双方向型授業配信に含まれること。

5　同時双方向型授業配信と併せて、教師が定期的に病気療養児を訪問することにより、その学習や生活の状況を把握し、適切な指導や必要な支援を行うことが望ましいこと。なお、病気療養児の状態等により訪問することが難しい場合は、インターネット等のメディアを利用して行うことも考えられること。

●学校教育法施行規則の一部を改正する省令等の公布について（通知）（抄）

（3文科教第1485号令和4年3月31日）

第3　留意事項

4　担当する教師等について

(1)　日本語の能力に応じた特別の指導を担当する教師は、高等学校教諭免許状を有する必要があり、加えて、日本語の指導に関する知識や経験を有する教師であることが望ましいが、特定の教科の免許状を保有している必要はないこと。

(2)　日本語の能力に応じた特別の指導を担当する教師は、日本語の能力等を始めとした生徒の実態の把握や指導計画の作成、日本語の指導及び学習の評価を行うものとする。また、日本語の能力に応じた特別の指導を担当する教師は、指導を受ける生徒の在籍学級の担任教師との間で定期的な情報交換を行ったり、助言を行ったりするなど、両者の連携協力が図られるよう十分に配慮すること。

(3)　教師が、本務となる学校以外の学校において日本語の能力に応じた特別の指導を実施する場合には、任命権者が、兼務発令や非常勤講師の任命等により、当該教師の身分取扱いを明確にすること。

(4)　学校・地域等の実情に応じて、日本語の指導に関する専門的な知識を有する者や外国語に通じる者を配置し、日本語の能力に応じた特別の指導の補助や母語による支援等を行うものとすること。

●学校教育法施行規則の一部を改正する省令等の施行について（通知）（抄）

（25 文科初第 928 号平成 26 年 1 月 14 日）

　このたび、別添のとおり「学校教育法施行規則の一部を改正する省令（平成 26 年文部科学省令第 2 号）」及び「学校教育法施行規則第 56 条の 2 等の規定による特別の教育課程について定める件（平成 26 年文部科学省告示第 1 号）」が平成 26 年 1 月 14 日に公布され、平成 26 年 4 月 1 日から施行されることとなりました。

　今回の改正は、国際化の進展等に伴い、我が国の義務教育諸学校において帰国・外国人児童生徒等に対する日本語指導の需要が高まっていることを踏まえ、当該児童生徒に対する日本語指導を一層充実させる観点から、当該児童生徒の在籍学級以外の教室で行われる指導について特別の教育課程を編成・実施することができるよう制度を整備するものです。

　これらの改正等の概要及び留意事項は、下記のとおりですので、十分に御了知の上、適切に御対応くださるようお願いします。

　また、各都道府県教育委員会にあっては所管の学校及び域内の市区町村教育委員会に対して、各指定都市教育委員会にあっては所管の学校に対して、各都道府県知事及び構造改革特別区域法第 12 条第 1 項の認定を受けた各地方公共団体の長にあっては、所轄の学校及び学校法人等に対して、各国立大学法人の長にあっては附属学校に対して、このことを十分周知されるようお願いします。

記

第 2　留意事項

5　特別の教育課程の指導者について

(1)　日本語指導担当教員は、教員免許を有する教員（常勤・非常勤講師を含む）とし、日本語指導を受ける児童生徒の指導の中心となって、児童生徒の実態の把握、

指導計画の作成、日本語指導及び学習評価を行うものとすること。

(2) 指導を補助する者は、必要に応じて配置し、日本語指導担当教員が作成した指導計画に基づき、当該教員が行う日本語指導や教科指導等の補助や児童生徒の母語による支援を行うものとすること。

● 特別免許状の授与に係る教育職員検定等に関する指針

令和3年5月11日

文部科学省総合教育政策局教育人材政策課

趣旨

● 特別免許状は、教員免許状を持っていないが優れた知識経験等を有する社会人等を教員として迎え入れることにより、学校教育の多様化への対応や、その活性化を図るため、授与することができる免許状である。

● すなわち、教職課程を経ていないながらも、学校の教員として学校教育に貢献することのできる優れた知識経験等を有する者が授与対象者となる。したがって、特別免許状の授与に当たり行う教育職員検定は、外国の教職課程を経ていることを前提とし行う教育職員免許法第18条に基づく教育職員検定とは異なる。

● 令和2年度から始まった新たな学習指導要領では「社会に開かれた教育課程」を掲げ、学校教育を学校内に閉じずに社会と連携しながら実現することとされている。また、学校の教員組織は、同じ様な背景、経験、知識・技能をもった均一な集団ではなく、より多様な知識経験等を持つ人材との関わりを常に持ち続ける組織や、当該人材を取り入れた組織であることが、絶えず変化していく学校や社会のニーズに対応していく上で望ましい。特にSociety5.0時代の到来など、学校は多種多様な変化にも適切に対応していく必要があり、均一的かつ硬直的な教員組織ではなく、多様な専門性と柔軟性を備えた組織であることが望まれる。また、「『令和の日本型学校教育』の構築を目指して～全ての子供たちの可能性を引き出す、個別最適な学びと、協働的な学びの実現～（答申）」（令和3年1月26日中央教育審議会）においては、令和4年度を目途に小学校高学年からの教科担任制を本格的に導入する必要があるとの方向性が示されており、小学校においても、特定の教科に関する専門的な知識経験等を有する者が教員として活躍する可能性が高まっているものと考えられる。特別免許状は、こうした多様な専門性を有する教員組織の構築を図るための仕組みの一つであり、より一層活用が図られる必要がある。

● 一方で、平成26年に特別免許状の授与に当たり行う教育職員検定等に関する指針が文部科学省から示されたことにより、都道府県教育委員会における特別免許状に係る審査基準の策定が進み、特別免許状の授与件数の増加が一定進んでいるものの、特別免許状の授与が、

・高等学校に偏っており、小学校についてほとんど授与されていないこと

・教科について、英語や看護に偏っていること

・公立学校での授与が進んでいないこと

といった課題が見られており、これらのこれまで授与が進んでいない学校・教科等における積極的な活用が望まれる。また、特別免許状については、取得しようとする者の知識経験等について、教職課程を経て取得する普通免許状との同等性が過剰に重視され、指導計画・指導案・教材の作成、指導方法・指導技術等について知識経験等を有していないことが障害となって、授与が進んでいないという指摘も一部にあるところである。特別免許状は、あくまで普通免許状を所持する者とは異なった知識経験等を評価し授与するために設けられた免許状であるという制度の趣旨を踏まえることは制度の活用を図るに当たって改めて確認しておく必要がある。また、特別免許状は、普通免許状を所持する者とは異なった知識経験等を評価し授与するものであり、必ずしも常勤の教員としての勤務を求めることを前提とした制度ではないことも確認しておく必要がある。

● 優れた知識経験等を有する社会人等を積極的に登用し、多様な専門性を有する教員組織の構築を図ることが求められるため、都道府県教育委員会による特別免許状の積極的な授与に資するとともに、特別免許状所有者による教育の質を担保できるよう、特別免許状の授与に当たり行う教育職員検定等に関する指針を見直し、参考として示すものである。当面は、各都道府県教育委員会が指針を参考としつつ特別免許状の授与を行うことが想定されるが、自らが適切と認める場合には本指針の記載内容によることなく、積極的に特別免許状の授与を行うことも許容され、かつ期待される。

第1章　教育職員検定において確認すべき事項

教育職員検定においては、主に次に掲げる3点を確認することが適切である。

- ● 授与候補者の教員としての資質の確認【第2章第1節】
- ● 任命者又は雇用者（雇用者は、学校の設置者に限る。以下同じ。）の推薦

による学校教育の効果的実施の確認【第2章第2節】

● 授与候補者の教員としての資質についての第三者の評価を通じた確認【第2章第3節】

具体的な内容は、第2章第1節から第3節に示すとおりである。

なお、既に他の各都道府県教育委員会から特別免許状が授与されている場合は、原則として、他の都道府県教育委員会の判断を尊重しつつ確認を行うことが考えられる。また、臨時免許状を授与している場合や特別非常勤講師制度を活用している場合等は、その実績を十分踏まえて確認を行うことが考えられる。こうした場合、必要に応じて、当該臨時免許状又は特別非常勤講師としての勤務実績及び評価について確認をすることが適当である。

第2章 教育職員検定において確認すべき具体的内容

第1節 授与候補者の教員としての資質の確認

授与候補者の教員としての資質については、第1項及び第2項に掲げる観点を中心に検定を行うことが適切である。

第1項 教科に関する専門的な知識経験又は技能

教科に関する専門的な知識経験又は技能は、教科に関する専門分野に関する職業等の従事経験について、次の①又は②の基準に該当することを確認することが考えられるが、次の（例）に掲げる状況等を踏まえつつ、優れた知識経験等を有することが確認できる場合で、第1節第2項、第2節及び第3節の確認が行われた場合には、次の①又は②の基準のみによることなく、各都道府県教育委員会の判断で特別免許状の授与を行うことが適当である。

（例）1．外国の教員資格の保有

2．教科に関する専門的な知識経験又は技能を有すると認められる資格

3．修士号、博士号等の学位の保有（博士号取得者については、研究者として自立して研究活動を行い、又はその他の高度に専門的な業務に従事するに必要な高度の研究能力及びその基礎となる豊かな学識を身に付けたことを認められた者であることから、原則として専攻分野に相当する教科に関する専門的な知識経験等を備えていることが想定される。）

4．各種競技会、コンクール、展覧会等における実績（特に、競技会におい

　　　　 てはオリンピック競技大会等国際的な規模において行われるものに出場し
　　　　た者、日本選手権若しくはこれに準ずる全国規模の大会において優秀な成
　　　　績を収めた者又はこれらの者を指導育成した実績を有する者については、
　　　　原則として体育又は保健体育に関する専門的な知識経験等を備えているこ
　　　　とが想定される。また、音楽や美術、工芸、書道の教科に関連する世界規
　　　　模で行われるコンクールや展覧会等に参加や出展する者や、全国規模のも
　　　　ので優秀な成績を収めた者は原則として当該教科に関する専門的な知識経
　　　　験等を備えていることが想定される。）
　　　5．大学における教職科目のうち都道府県教育委員会が必要と認めるものの
　　　　履修又は教職を志望する者を対象とした体系的な研修の受講の状況
　　　6．学校現場における過去の勤務経験、免許状の授与に先立って行われる教
　　　　員採用試験や模擬授業の実施による評価その他の各都道府県教育委員会が
　　　　優れた知識経験等を有することを確認するために適切と認める事項の評価

①　学校教育法第１条に規定する学校又は次に掲げる教育施設における教科に関する
　授業に携わった経験が、最低１学期間以上にわたること。

　イ　平成３年文部省告示第91号又は第120号により指定又は認定された在外教
　　育施設
　ロ　日本国内にある教育施設であって、幼稚園、小学校、中学校又は高等学校
　　に対応する外国の課程と同等の課程を有するものとして当該外国の学校教育
　　制度において位置づけられたもの
　ハ　日本国内にある教育施設であって、その教育活動等について、次に掲げる
　　団体の認定を受けたもの
　　・アメリカ合衆国カリフォルニア州に主たる事務所が所在する団体である
　　　ウェスタン・アソシエーション・オブ・スクールズ・アンド・カレッジズ
　　　（略称 WASC）
　　・アメリカ合衆国コロラド州に主たる事務所が所在する団体であるアソシ
　　　エーション・オブ・クリスチャン・スクールズ・インターナショナル（略
　　　称 ACSI）
　　・グレート・ブリテン及び北部アイルランド連合王国ハンプシャー市に主た
　　　る事務所が所在する団体であるカウンセル・オブ・インターナショナル・

スクールズ（略称 CIS）

　　・スイス連邦ジュネーブ市に主たる事務所が所在する団体であるスイス民法
　　　典に基づく財団法人である国際バカロレア事務局（略称 IBO）

②　教科に関する専門分野に関する勤務経験等（営利企業やその他の法人（社団法
　人、財団法人、ＮＰＯ法人等）、外国にある教育施設等におけるもの）が、概ね3
　年以上あること。

　（例）

　　・企業等における教科と関連する専門分野に関する職業経験

　　・外国にある教育施設における勤務経験

　　・大学における助教、助手、講師経験

　　・各種競技会等に向けた選手等としての活動

　　・派遣された海外における教科と関連する専門分野の国際貢献活動の経験　　等

【参考：在留資格について】

　授与候補者が日本国籍を有していない場合、我が国において教育活動等を行う
ためには、在留資格を有していることが必要である。

　特別免許状の授与及び在留資格の取得に係る主なケースは以下のとおり。

（１）外国にある教育施設等において教科に関する専門分野に関する勤務経験等
　　がある者に対し、特別免許状を授与する場合

　　①外国にある教育施設等において、概ね3年の勤務経験

　　　　↓

　　②教育職員検定を受けるため渡日【「短期滞在」（15〜90日）の在留資格】

　　　　↓

　　③教育職員検定合格、特別免許状の授与

　　　　↓

　　④教員（講師など）として勤務【「教育」（3月〜5年）の在留資格（注1）】

　　　（注1）特別免許状の授与後、そのまま我が国での勤務を開始するために
　　　　　　　は、地方入国管理官署において「教育」の在留資格への変更が認め
　　　　　　　られる必要がある。

（２）渡日した後に、特別非常勤講師や外国語指導助手（ＡＬＴ）等として、学

校において教科に関する授業に携わり、その経験に基づき特別免許状を授与する場合

①特別非常勤講師やＡＬＴ等として学校に勤務するため渡日

【「教育」の在留資格（注2）】

↓

②特別非常勤講師やＡＬＴ等として、1学期間以上にわたる勤務経験

↓

③教育職員検定

↓

④教育職員検定合格、特別免許状の授与

↓

⑤教員（講師など）として勤務

（注2）渡日前に在留資格認定証明書の交付を受けていることが必要（当該申請を行うに際しては、申請人の活動内容等を明らかにする資料として、雇用者等が発行する勤務内容が記された書類等の提出が必要※）。そのためには、学歴要件や報酬要件を満たしていることに加え、ＡＬＴとして勤務する場合は、当該外国語により12年以上の教育を受けていること、外国語以外の科目の指導助手として勤務する場合は、教育機関において当該科目の教育について5年以上従事した実務経験を有していることが必要。

※その他の提出資料の詳細については法務省 HP を参照。

（http://www.moj.go.jp/ONLINE/IMMIGRATION/ZAIRYU_NINTEI/
shin_zairyu_nintei10_10.html）

第2項　社会的信望、教員の職務を行うのに必要な熱意と識見

　社会的信望及び教員の職務を行うのに必要な熱意と識見は、次の①及び②の方法により確認することが考えられる。

　①　授与候補者が提出した推薦（第2節の推薦も含み2通以上。勤務予定校以外の日本の学校における学校活動実績（臨時免許状又は特別免許状の授与を受けて教科に関する授業に携わっている場合、特別非常勤講師としての活動のほか、学習指導員等の活動も含む。）や学校外の活動における児童生徒への

　　学習活動の支援実績がある場合には、当該校の設置法人の役員や校長等管理
　　職等による推薦を含むことが望ましい。）の内容評価
　②　本人の申請（志願）理由
第2節　任命者又は雇用者の推薦による学校教育の効果的実施の確認
　　任命者又は雇用者による授与候補者の推薦において、授与候補者を配置することに
より配置された学校の教育が効果的に実施されることを確認することが適切である。
　　その際、次の①、②及び③の観点により確認することが考えられる。
　①　授与候補者を配置することにより実現しようとしている教育内容
　②　授与候補者に対し、特別免許状を授与する必要性があること
　③　第4章第1節（研修計画の立案、実施）及び第2節（学習指導要領等の共通
　　理解のための体制）に関する対応状況
第3節　授与候補者の教員としての資質についての第三者の評価を通じた確認
　　授与候補者の教員としての資質についての第三者の評価を通じた確認は、教育職員
免許法第5条第5項及び教育職員免許法施行規則第65条の4に定める学識経験を有
する者（大学の学長、教職課程を有する学部の学部長、校長等）により行われること
が必要である。その際、面接により当該確認を行うことが考えられるが、既に臨時免
許状や特別免許状の授与を受けて教科に関する授業に携わっている者や特別非常勤講
師制度等の活用により推薦を行う任命者又は雇用者が勤務実態を把握している者につ
いて当該確認を行う場合その他各都道府県教育委員会が適切と認める場合には、書面
による確認など必ずしも面接という方法によらないことも許容される。

第3章　教育職員検定の具体的な審査方法等

第1節　教育職員検定の具体的な審査方法
　　第2章（第3節を除く）に挙げた事項の確認に当たっては、まず、教育委員会にお
ける審査を行うことが適当である。
　　その上で、教育委員会が審査上合格可能と考える者のみを対象とし、審査結果の概
要を学識経験を有する者に伝達の上、当該概要と合致する人物であるかを確認するこ
とを目的に、第2章第3節の授与候補者に対する学識経験を有する者による面接その
他の方法による確認を実施し、その評価を聴取の上、教育職員検定の合格を決定する
ことが妥当である。
　　なお、教育職員検定を実施する都道府県教育委員会においては、授与候補者が勤務

することが予定されている市区町村教育委員会や学校法人等の推薦や要望等を十分考慮した上で審査を行うことが求められる。

第2節　特別免許状授与申請手続等の整備及び周知

　各都道府県教育委員会においては、域内の市区町村教育委員会及び学校等と十分に連携し、特別免許状の授与を希望する市区町村教育委員会や学校等の要望を酌み取り、適切に手続が行われるよう、申請手続の整備及び周知を行うことが適切である。授与候補者が勤務することが予定されている市区町村教育委員会や学校法人等が学校教育の効果的実施を図るために特別免許状の授与が必要であると考えていることや、授与候補者が例えば転職等により学校現場に参画する際に円滑な移行を行えるよう配慮する必要があることを踏まえ、できるだけ迅速な手続が可能となるよう、手続の在り方については、都道府県教育委員会の事務負担には配慮しつつも、申請は常時受け付けるなど不断の改善を図っていくことが望まれる（受付時期や授与手続に係る期間等）。

　また、都道府県教育委員会が行う教育職員検定の審査基準を明確化し、周知する等手続の透明化を図っていくことが求められる。

　　　　※特別免許状授与申請手続の流れ（例）

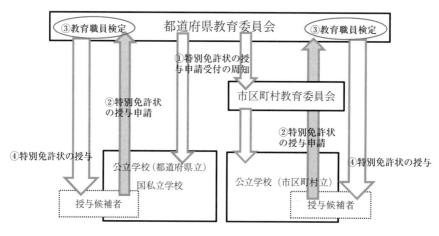

第4章　その他

　特別免許状所有者を任命・雇用する際には、第1節から第4節について十分留意の

上、任命・雇用することが望ましい。

第1節　研修計画の立案、実施について

　特別免許状所有者は、一般的に、指導計画・指導案・教材の作成、指導方法・指導技術等に通じていないと考えられる。

　このため、都道府県教育委員会や市区町村教育委員会、勤務校等において、普通免許状所有者が指導・支援を行う形で特別免許状所有者の研修計画を立案し、実施すること。また、計画的に大学における教職科目の履修を促すことも考えられる。

　なお、特別免許状所有者は、各教科のほか、総合的な学習の時間や道徳、特別活動（学級担任を含む）、生徒指導等も担当可能である。特別免許状所有者が、これらについても担当する場合には、上記研修の中で、これらの内容についても扱うこと。

第2節　学習指導要領等の共通理解のための体制について

　担当する教科に関する学習指導要領及び教科書の内容の趣旨並びに校務に関する共通理解を図るため、基本的な日本語力が不十分な特別免許状所有者に対しては、学校又は設置者において説明・支援を行うこと。

第3節　すでに特別免許状を授与された者の任命・雇用について

　既に特別免許状を授与されている者を任命・雇用する場合には、前任校における勤務実績及び評価について確認すること。

第4節　特別非常勤講師制度等の活用について

　特別免許状は、普通免許状と同様に学校教育活動を行うことが想定される者に対して授与されるものである。一方、教科の領域の一部のみを担当させる場合には、特別非常勤講師の届出により年間を通して対応することが可能である（この場合、当該教科の免許状を所有し、当該教科を主として担当する教員が当該校に配属されていることが必要）。また、ゲストティーチャーや、当該教科を主として担当する教員とのティーム・ティーチングなど、免許状を所有する教員と常時一緒に授業に携わる場合には、特別免許状の授与や特別非常勤講師の届出は不要である。

　なお、各学校の判断により、放課後や土曜日の教育活動として、教育課程外の活動を自主的に実施する場合に配置される学習指導員等としての活動についても、特別免許状の授与や特別非常勤講師の届出は不要である。

　教育委員会及び学校においては、個々のケースに応じ最適な制度を活用し、免許外教科担任の許可を安易に行うことなく、普通免許状所有者と共に地域の人材や知識経験等を有する社会人等を学校に迎え入れることにより、学校教育の多様化への対応

や、その活性化を図っていくこと。

　また、特別非常勤講師制度を活用して第2章第1節第1項の（例）6. に示す事項を審査することも可能である。

● 免許外教科担任の許可等に関する指針

平成 30 年 10 月 5 日
文部科学省初等中等教育局教職員課

趣旨

　教育職員は、教育職員免許法（昭和 24 年法律第 147 号。以下「免許法」という。）に基づいて授与される免許状を保有しなければならず、この免許状は、勤務する学校種及び担任する教科に相当するものでなければならない（相当免許状主義）。これは、教育基本法に定める学校教育の目的の達成を、教員の資質能力の面から制度的に担保する原則である。

　免許法附則第2項に定める免許外教科担任制度は、とりうる手段を尽くしてもある教科の免許状を保有する中学校、高等学校等の教員が採用できない場合の例外として、1年以内の期間を限り、都道府県教育委員会の許可により、当該教科の免許状を有しない教員が当該教科の教授を担任するものである。

　この制度は、相当免許状主義の例外として本来抑制的に用いられるべきものであり、国、教育委員会、学校におけるこれまでの取組により、長期的には許可件数が減少してきた。しかしながら、現在でも年間1万件程度の許可が行われており、これをできる限り縮小していくことが必要である。

　また、免許外教科担任によらざるを得ない場合にも、当該教科を担当する教員への支援を行うことを通じて、できる限り教育の質を向上させることが必要である。

　これらのことを踏まえ、免許外教科担任の許可件数の更なる縮小と、許可が行われる場合の教育の質の向上を図るため、以下において、免許外教科担任制度の運用の指針を示す。

　なお、この指針は都道府県教育委員会において共通的に考慮することが適当と考えられる点を整理したものである。都道府県教育委員会においては、この指針を参照するとともに、各地域の実情に応じてより適切な制度の運用を行っていくことが期待される。

第1章　免許外教科担任制度に係る基本的な方針

　教員は勤務する学校種及び担任する教科に相当する免許状を有しなければならないという相当免許状主義の趣旨に鑑み、その例外である免許外教科担任については安易な許可は行わないことが原則である。許可に係る具体的な留意点については第2章に示すとおりである。

　教育委員会においては、免許外教科担任の許可が必要な状況が可能な限り生じないよう、各学校種、各教科の指導に必要な教員を計画的に採用し、適正に配置することが求められる。

　やむを得ず免許外教科担任の許可が必要となる場合には、免許外教科を担任する教員に対する研修その他の支援策を講じ、当該教員の負担の軽減及び教育の質の向上に努めることが求められる。

　以上の取組には、養成、採用、研修全体を通じた対応が必要である。そのためには、教育委員会と、近隣の教職課程を有する大学等との連携が重要であり、教育公務員特例法（昭和24年法律第1号）第22条の5第1項に規定する協議会を活用することが効果的であると考えられる。

第2章　免許外教科担任の許可の審査における具体的な留意事項
1．免許外教科担任の許可の手続について

　各学校が免許外教科担任制度の趣旨を正しく理解し、適切な申請が行われるよう、都道府県教育委員会においては、免許外教科担任の許可に係る具体的な審査基準を定めておくことが適当である。また、都道府県教育委員会による審査の際には、教育職員免許法施行規則附則第18項に基づいて申請書に記載される事項を十分に考慮するとともに、審査基準に基づき適切に運用を行う必要がある。

　なお、審査基準は、各地域の特性や実態、学校教育を巡る環境の変化等に応じて、適宜見直しを行うことが望ましい。
2．免許外教科担任の許可が必要な理由について

　前述のとおり、免許外教科担任制度は相当免許状主義の例外であり、都道府県教育委員会においては安易な許可を行わないよう、個々の許可の必要性について十分に吟味する必要がある。都道府県教育委員会においては、許可の必要性を判断する際には例えば以下のような点に留意する必要がある。

　　・とりうる手段を尽くしても当該教科の免許状を有する教員を確保することができ

ず、許可の申請はやむを得ないものであるか。
・許可を申請する学校の教員の持ち時間数の調整を目的とするようなものとなっていないか。

３．免許外教科を担任する教員について
　免許外教科を担任する教員は、専門としない教科の授業準備や教材研究を行わなければならないため、通常よりも負担が大きくなると考えられる。都道府県教育委員会においては、当該教員の負担が過重とならないよう、許可の際には例えば以下のような点に留意する必要がある。
・当該教員が免許外教科を担任することにより、担任する授業数が過重なものとなっていないか。
・当該教員が保有する免許状の教科を担任せず、免許外教科のみを担任することとなっていないか。
・他に適任者がいるにもかかわらず、研修等に専念すべき初任者や経験年数の浅い教員に免許外教科を担任させることとなっていないか。

４．免許外教科を担任する教員への支援策について
　免許外教科担任を許可せざるを得ない場合においては、当該教科の指導に必要な知識、技能をできるだけ補えるような支援策を講ずることで、教育の質を高めていくことが求められる。都道府県教育委員会においては、許可の際には、設置者、採用権者、学校等において、例えば以下のようなものを含め、適切な支援策が講じられるよう留意することが適切である。
・当該教員に対する免許外教科の指導に関する研修等の受講を計画すること
・当該教員の担任する免許外教科の免許状を有する教員が在籍する近隣校との連携や遠隔システムの活用など、当該教員を支援する体制を整備すること
・許可を申請する学校の校長、副校長、教頭、主幹教諭、指導教諭、その他の教職員による当該教員を支援する体制を整備すること

【参考】遠隔教育の推進について
　学校教育において、遠隔システムを活用した同時双方向型で行う教育（以下、「遠隔教育」という。）を効果的に活用することは、それぞれの学校現場が抱える様々な問題や一人一人の学習ニーズに応じ、様々な場面において、学びの質を大きく向上させる可能性を持つものである。免許外教科担任の許可を受けた教員が対面で指導して

いる場合でも、当該教科の免許状を保有し、優れた指導力を有する他校の教員が遠隔地より参画することは、授業の質を高める上で有益と考えられる。

遠隔教育の実施に当たっては、平成30年9月に文部科学省が策定した「遠隔教育の推進に向けた施策方針」において、遠隔システムを活用することが効果的な学習場面や目的・活動例等を示しているため、同指針を参考とすること。

「遠隔教育の推進に向けた施策方針」（平成30年9月）
https://www.mext.go.jp/a_menu/shotou/zyouhou/detail/__icsFiles/afieldfile/2018/09/14/1409323_1_1.pdf

第3章　その他

1．現職の教員以外の多様な人材の活用

普通免許状を保有する教員以外にも、免許状を保有しないが高い専門性と多様な経験を有する社会人など、教員として働く意欲と能力を持つ者に対して免許状を授与し、非常勤講師等で活用していくことも考えられる。特に、候補者が特別免許状の授与要件を満たす場合には、積極的に特別免許状を授与し、教員として迎え入れることにより、学校教育の多様化への対応やその活性化を図ることが望ましい。

【参考】特別免許状の授与について

都道府県教育委員会による特別免許状の積極的な授与に資するとともに、特別免許状所持者による教育の質を担保するため、平成26年6月、文部科学省において「特別免許状の授与に係る教育職員検定等に関する指針」を策定している。特別免許状の授与に当たっては、同指針を参考とすること。

「特別免許状の授与に係る教育職員検定等に関する指針」（令和3年5月）
https://www.mext.go.jp/content/20210514-mxt_kyoikujinzai02-000014888_2.pdf

2．複数教科の免許状取得の促進について

一人の教員が複数の学校種や教科の免許状を取得して授業を担当できるようになることは、学校段階間の接続を見通して指導する力や教科横断的な視点で学習内容等を組み立てていく力など複数の学校種・教科等にわたる幅広い理解に基づいた、教員と

しての総合的な指導力の向上にもつながると考えられる。このような観点から、現職の教員や教職課程に在籍する学生に複数の教科の免許状の取得を促進することが考えられる。

　現職の教員が同じ学校種の別の教科の免許状を取得しようとする場合には、免許法別表第4に規定する要件を満たすため、所定の単位を修得する必要がある。この単位の修得は、教職課程の認定を受けた大学の課程での学修のほか、文部科学大臣の認定を受けて教育委員会等が開設する講習（以下「免許法認定講習」という。）の受講等により行われる。

　都道府県教育委員会においては、免許外教科担任の許可件数の多い教科の免許状についても、現職の教員が免許状の取得をできるよう、講習の受講の機会を確保することや、近隣の大学等と連携し、免許法認定講習の充実を図ることが期待される。また、免許法認定講習は、免許状更新講習や現職研修などとの相互実施が可能となっており、受講の促進とともに効率的な受講ができるよう、相互実施について積極的に検討することが望ましい。

● 総合学科について（通知）（抄）

（文初職第 203 号平成 5 年 3 月 22 日）

2　教育課程の編成について

　総合学科の教育課程は、高等学校必修科目、学科の原則履修科目、総合選択科目、自由選択科目による構成が考えられるが、各学校においてその教育内容・方法等について創意工夫を行い、それぞれの特色を発揮することが望まれること。

一　学科の原則履修科目

　総合学科においては、自己の進路への自覚を深めさせるとともに、将来の職業生活の基礎となる知識・技術等を修得させるため、原則として全ての生徒に履修させる「産業社会と人間」、情報に関する基礎的科目及び「課題研究」を開設することが適切であること。

（一）　産業社会と人間

　2　「産業社会と人間」の内容は、「職業と生活」（職業人として必要とされる能力・態度、望ましい職業観を養う学習）、「我が国の産業の発展と社会の変化」（我が国の産業の発展について理解し、それがもたらした社会の変化について考

察する学習）及び「進路と自己実現」（自己の将来の生き方や進路について考察
する学習）とすること。

4　指導教員については、前記2の内容のうち、特定の教科に相当しないものに
あっては免許状の教科を問わず指導するものとし、特別な知識・技術を必要とす
る内容の学習を行う場合には当該学習内容と関連の高い教科の免許状を有する者
が中心となり、複数の教員によるティームティーチングによって指導するものと
すること。

(二)　情報に関する基礎的科目

2　情報に関する基礎的科目については、地域、学校及び生徒の実態等に応じ、次
の二つの場合が考えられること。

ア　教科「数学」や「理科」等の教科に関する「その他の科目」（学習指導要領
第一章第二款の三）又は「その他特に必要な教科に関する科目」（同章第二款
の四）として設ける科目とする場合。

イ　学習指導要領第二款の二に掲げる「情報処理」、「情報技術基礎」、「農業情報
処理」、「水産情報処理」、「家庭情報処理」又は「看護情報処理」とする場合。

4　指導教員については、情報に関する基礎的科目を上記2の「その他の科目」又
は職業教科・科目として設ける場合には当該教科の免許状を有する者、「その他
特に必要な教科に関する科目」として設ける場合には当該学習内容と関連の高い
教科の免許状を有し当該科目を担当するものとして適当な者が指導するものとす
ること。

(三)　課題研究

2　「課題研究」は、地域、学校及び生徒の実態等に応じ、職業教科以外の教科に
関する「その他の科目」（学習指導要領第一章第二款の三）又は「その他特に必
要な教科に関する科目」（同第二款の四）として設けること。

4　指導教員については、「課題研究」を前記2の「その他の科目」として設ける
場合には当該教科の免許状を有する者、「その他特に必要な教科に関する科目」
として設ける場合には、当該学習内容と関連の高い教科の免許状を有し当該科目
を担当するものとして適当な者が指導するものとすること。

●教育職員免許法施行規則等の一部を改正する省令の施行等について（通知）（抄）

（3文科教第 438 号令和 3 年 8 月 4 日）

4　留意事項等

⑴　指定大学が加える科目の単位修得上の扱いについて

①　指定大学の指定が取り消された場合、指定が取り消されるまでの間に修得した指定大学が加える科目の単位については、引き続き、普通免許状の授与に必要な教科及び教職に関する科目として有効に扱って差し支えないこと。

②　指定大学が学力に関する証明書を発行するに当たっては、幼稚園、小学校、中学校及び高等学校の教諭の普通免許状の場合は、「大学が独自に設定する科目」のうち「指定大学が加える科目」であることを、特別支援学校の教諭の普通免許状の場合は、「特別支援教育に関する科目」のうち「指定大学が加える科目」であることを、備考欄を活用する等により明確に記載するようにすること。

　　証明書発行事務の参考のため省令改正後の実際の記入方法について、別途文部科学省ホームページに作成例を掲載する予定であること。

③　都道府県教育委員会においては、「指定大学が加える科目」については、普通免許状の授与に必要な「教科及び教職に関する科目」のいずれかの科目にあてることができることを踏まえ、普通免許状の授与事務において②の学力に関する証明書を基に適切に普通免許状の授与が行えるようにすること。

④　指定大学において「指定大学が加える科目」を修得した者が指定を受けていない大学に編入学等をする際に、免許法施行規則第 10 条の 3 を活用する場合は、入学先の大学が認めるところにより当該大学が有する認定課程の科目の単位として認めることとされているが、「指定大学が加える科目」は指定大学において修得することができる科目であるため、指定を受けていない大学においては、単なる「大学が独自に設定する科目」の単位として整理することとなること。

　　そのため、「指定大学が加える科目」として整理するためには、指定大学において学力に関する証明書を発行することが望ましいこと。

⑤　免許法施行規則第 11 条、第 11 条の 2、第 13 条、第 15 条、第 16 条、第 18 条の 2、第 18 条の 4 においては、第 2 条表備考第 14 号の修得方法の例にならうものとすることとされていることから、2⑴①ア）及び2⑶と同様に「大学が独自に設定する科目」に「指定大学が加える科目」及び「大学が加えるこれらに準ず

る科目」を加えることができることとすること。

(2) 指定制度について

① 最終報告において示された5年を基準として指定する事由がなくなったと判断する場合において指定の取り消しを行い、指定の事由が引き続き認められる場合は継続することを可能とすること。

　なお、文部科学大臣は、指定の事由がなくなった場合は、教員養成フラッグシップ大学の指定を取り消すこととされており、指定の事由がなくなったと認められる場合は、5年を経過する前にも指定を取り消すことがあること。

② 「指定大学が加える科目」は、「大学が独自に設定する科目」の一つではあるものの、従来の「領域（又は教科）に関する専門的事項に関する科目」や「保育内容（又は各教科）の指導法に関する科目」、「教諭の教育の基礎的理解に関する科目等」、「大学が加えるこれらに準ずる科目」ではない新しい科目として加えられるものであることを踏まえ、指定大学が「指定大学が加える科目」を開設する場合は、当該趣旨を踏まえ、普通免許状の授与に必要なものの範囲において新たな内容を含む科目とすること。

③ 指定制度の詳細なスケジュールや具体的な申請要件等については追って教職課程を置く各国公私立大学に連絡する予定であること。

(3) 「情報通信技術を活用した教育の理論及び方法」の修得方法について

① 免許法施行規則第2条表備考第12号において規定される幼稚園と小学校の教諭の普通免許状の授与に際して修得が必要な単位の流用の規定においては、「道徳、総合的な学習の時間等の指導法及び生徒指導、教育相談等に関する科目（教育の方法及び技術（情報機器及び教材の活用を含む。）に係る部分に限る。）」について、同規則第3条第1項の表の場合においても同様とする場合は、「道徳、総合的な学習の時間等の指導法及び生徒指導、教育相談等に関する科目（教育の方法及び技術に係る部分に限る。）」と読み替えて扱うこととすること。

② 教育職員免許法施行規則等の一部を改正する省令（以下「改正省令」という。）附則第2項及び第3項に規定される経過措置により、改正前の認定課程及び認定講習等において「教育の方法及び技術（情報機器及び教材の活用を含む。）」を修得した者は、改正後の認定課程及び認定講習等において「教育の方法及び技術」

又は「情報通信技術に関する教育の理論及び方法」に読み替えることができることとなるが、この場合においても修得する総単位数に不足がないよう徹底すること。

③　改正後の免許法施行規則による学力に関する証明書の様式や記入方法については、証明書発行事務の参考のため、別途文部科学省ホームページに作成例を掲載する予定であること。

④　改正省令の附則第2項及び第3項に規定する在学には科目等履修生として在籍する場合も含まれること。

(4)　「情報通信技術を活用した教育の理論及び方法」の開設について

①　「情報通信技術を活用した教育の理論及び方法」については、小学校及び中学校教諭の一種免許状及び二種免許状並びに高等学校教諭の一種免許状の教職課程に令和4年度以降に入学する者に適用される。科目の変更届の提出については、8月中に教職課程を置く大学等に連絡予定であること。

②　「情報通信技術を活用した教育の理論及び方法」については、幼稚園教諭、養護教諭、栄養教諭免許状の認定課程における「教育の方法及び技術（情報機器及び教材の活用を含む。）」において1単位以上の授業時間数の確保がシラバス上で確認できる場合には、共通開設が可能であること。

③　「情報通信技術を活用した教育の理論及び方法」を含む科目を担当する教員が当該科目に関する研究業績等を有しておらず、「各教科の指導法（情報機器及び教材の活用を含む。）」「教育の方法及び技術（情報機器及び教材の活用を含む。）」のいずれかに関する活字業績を有している者をもってあてる場合であっても、大学は当該担当教員が当該科目に関する活字業績を備えることを引き続き促進すること。

(5)　「数理、データ活用及び人工知能に関する科目」について

①　大学においては、免許法施行規則第66条の6により「数理、データ活用及び人工知能に関する科目」を設置する場合は、数理・データサイエンス・ＡＩ教育プログラム認定制度実施要綱（令和3年2月24日。文部科学大臣決定。）により「数理」「データ活用」「人工知能」の内容が包含されたものとして科目を構成しているものが適用されることとなることに留意して科目の設定をするとともに、

設定に当たっては認定がなされたものであることを証明する書類とともに届出を行うこと。

② 免許法施行規則第66条の6の科目の単位の修得にあたっては、「数理、データ活用及び人工知能に関する科目」2単位又は「情報機器の操作」2単位のいずれかを修得することが求められることになるが、「数理、データ活用及び人工知能に関する科目」が設置されている大学においては、在学する学生に対して積極的に当該科目を修得させることが望ましいこと。

⑹ 認定課程全体を通じたＩＣＴ活用指導力の育成について

① 大学等においては、ＩＣＴを活用した学習活動の意義等について学生自らが経験的に理解しておくことも重要であることから、特定の科目に限らず教職課程の授業全体でＩＣＴを積極的に活用することが期待されること。さらに、こうした学修を行うためには、教職課程の授業においてＩＣＴが普遍的に使用できる環境整備に努めることも期待されること。

② 大学等においては、「教職課程における教師のＩＣＴ活用指導力充実に向けた取組について」（令和2年10月5日中央教育審議会初等中等教育分科会教員養成部会）を踏まえ、教育委員会や学校の具体的な取組の参考となるよう作成された手引や動画コンテンツ等を教職課程の授業等で活用して、学生がより実践的に、また確実に教員のＩＣＴ活用指導力を身に付けることができるよう取り組んでいただいているところであるが、引き続き、こうした教師向け研修資料を活用した実践的な学修活動の充実に取り組んでいただきたいこと。

③ 大学等においては、「教職実践演習」におけるＩＣＴの活用場面として、教員としての表現力や授業力等を身に付けているか確認するための模擬授業での活用などが考えられること。なお、授業科目のシラバスを変更するだけの場合は、認定課程の変更届は不要であること。

④ 大学等においては、認定課程におけるＩＣＴ活用指導力の取組状況についても、自己点検・評価し、改革・改善につなげていくことが必要であること。また、学校を取り巻くＩＣＴ環境は急速に変化していることから、大学等の取組もこうした変化に対応していくことが必要であること。

●教育職員免許法施行規則の一部を改正する省令等の公布及び施行について（通知）
（抄）

（25 文科初第 592 号平成 25 年 8 月 8 日）

2．職員及び実務証明責任者

　文部科学省令で定める職員は次に掲げるものであり、当該職員の実務証明責任者
は、⑴にあっては法別表第 3 の第 3 欄に規定する実務証明責任者（国立学校又は公立
学校の教員にあっては所轄庁、私立学校の教員にあってはその私立学校を設置する学
校法人の理事長）、⑵にあってはその者が勤務した施設の設置者としたこと。（施行規
則附則第 8 項及び第 10 項備考第 1 号関係）

⑴　幼稚園（特別支援学校の幼稚部を含む。）において、専ら幼児の保育に従事す
　る職員（施行規則附則第 8 項第 1 号関係）

　　なお、「専ら幼児の保育に従事する職員」とは、預かり保育を担当する職員や
　学級担任の補助職員等を想定しているものであり、幼児の保育に直接携わらない
　勤務は、最低在職年数に算入できないこと。

⑵　次に掲げる施設の保育士

　⒜　児童福祉法（昭和 22 年法律第 164 号）第 39 条第 1 項に規定する保育所（施
　　行規則附則第 8 項第 2 号イ関係）

　⒝　児童福祉法第 59 条第 1 項に規定する施設のうち同法第 39 条第 1 項に規定す
　　る業務を目的とするものであって就学前の子どもに関する教育、保育等の総合
　　的な提供の推進に関する法律（平成 18 年法律第 77 号）第 3 条第 1 項又は第 3
　　項の認定を受けたもの及び同条第 5 項の規定による公示がされたもの（施行規
　　則附則第 8 項第 2 号ロ関係）

　⒞　国、都道府県又は市町村が設置する児童福祉法第 39 条第 1 項に規定する業
　　務を目的とする施設（⒜⒝を除く。）（専ら一時的に預かり又は宿泊させ必要な
　　保護を行うものを除く（⒟及び⒠において同じ。）。）

　　　なお、へき地保育所（「安心こども基金管理運営要領」（平成 21 年 3 月 5 日
　　20 文科発第 1279 号・雇児発第 0305005 号の別紙）の別添 6 の 11 に規定する
　　へき地保育所）も含まれること。（施行規則附則第 8 項第 2 号ハ及び告示第 1
　　号関係）

　　　また、「専ら一時的に預かり必要な保護を行うもの」は、当該施設を利用す

る児童の半数以上が一時預かり（入所児童の保護者と日単位又は時間単位で不定期に契約し、保育サービスを提供するもの）による施設とし、「専ら宿泊させ必要な保護を行うもの」は、当該施設を利用する児童の半数以上が22時から翌日7時までの全部又は一部の利用による施設であること。

(d) 児童福祉法施行規則第49条の2第4号に規定する施設（いわゆる「幼稚園併設型認可外保育施設」）（(b)(c)を除く。）（施行規則附則第8項第2号ハ及び告示第2号関係）

(e) 認可外保育施設のうち、文部科学大臣決定に規定する第1～第9までに掲げる基準を満たし、当該満たしていることにつき都道府県知事、指定都市の長又は中核市の長から証明書の交付を受けている施設（(b)(c)を除く。）（施行規則附則第8項第2号ハ及び告示第3号及び文部科学大臣決定関係）

なお、「文部科学大臣決定に規定する第1～第9までに掲げる基準」は、「認可外保育施設に対する指導監督の実施について」（平成13年3月29日雇児発第177号）別添に示す「認可外保育施設指導監督基準」と同様の内容であり、「証明書の交付」は、「認可外保育施設指導監督基準を満たす旨の証明書の交付について」（平成17年1月21日雇児発第0121002号）に基づくものであること。

● 教育職員等による児童生徒性暴力等の防止等に関する基本的な指針

令和4年3月18日
文部科学大臣決定

はじめに

本来、児童生徒等を守り育てる立場にある教育職員等が、児童生徒等に対し「魂の殺人」とも呼ばれる性暴力等を行い、当該児童生徒等の尊厳と権利を著しく侵害し、生涯にわたって回復しがたい心理的外傷や心身に対する重大な影響を与えるなどということは、断じてあってはならず、言語道断である。しかしながら、児童生徒性暴力等に当たる行為により懲戒処分等を受ける教育職員等は後を絶たず、なかには、教師という権威と信頼を悪用し、被害児童生徒等が自身の被害に気付かないよう性暴力に至ったケースなど、人として到底許されない事件も見受けられ、事態は極めて深刻な状況にある。加えて、こうした一部の教育職員等による加害行為により、児童生徒等と日々真摯に向き合い、児童生徒等が心身ともに健やかに成長していくことを真に願

う、大多数の教育職員等の社会的な尊厳が毀損されることはあってはならない。

　こうした状況を受け、第204回国会において、議員立法である「教育職員等による児童生徒性暴力等の防止等に関する法律」（令和3年法律第57号。以下「法」という。）が5派共同提案[1]により提出され、衆参全会一致で成立するに至った。本法により、教育職員等による児童生徒性暴力等を明確に禁じる規定が置かれ、被害を受けた児童生徒等の同意や、当該児童生徒等に対する暴行、脅迫等の有無を問わず、刑法上の性犯罪の対象とならない行為も含め、教育職員等が児童生徒性暴力等を行うことは全て法律違反となることとされた。そのほか、教育職員等による児童生徒性暴力等の防止等に関する総合的な規定が初めて整備されることとなった。

　今もまさに学校現場において被害児童生徒等が自身の性被害を打ち明けられずに苦しんでいるかもしれないことに思いを巡らせれば、法に定められた施策の実施には、全力の限りを尽くさなければならない。「社会の宝」である子供を教育職員等による性暴力等から守り抜くことは、一部の学校関係者だけではなく、全ての大人の責任であり、社会全体に課された課題である。このため、文部科学省はもとより、教育職員等、学校、教育委員会、学校法人、警察を含むその他の国・地方公共団体等の関係者は、教育職員等による児童生徒性暴力等を根絶するとの法の基本理念を十分に理解し、児童生徒等を教育職員等による性暴力等の犠牲者とさせないという断固たる決意で、あらゆる角度から実効的な対策を講じていく必要がある。

　本基本的な指針（以下「基本指針」という。）は、こうした認識の下、文部科学大臣が、教育職員等による児童生徒性暴力等の防止等に関する施策を総合的かつ効果的に推進するために策定するものである。

第1　教育職員等による児童生徒性暴力等の防止等に関する基本的な方針
1　法の趣旨及び目的、基本理念等
　（法の趣旨及び目的）
○　法は、教育職員等[2]による児童生徒性暴力等が児童生徒等[3]の権利を著しく侵害し、児童生徒等に対し生涯にわたって回復し難い心理的外傷その他の心身に対する重大な影響を与えるものであることに鑑み、児童生徒等の尊厳を保持するため、教

1　自由民主党・無所属の会（馳浩議員、池田佳隆議員）、公明党（浮島智子議員）、立憲民主党・無所属（牧義夫議員）、日本共産党（畑野君枝議員）、日本維新の会・無所属の会（藤田文武議員）による5派共同提案。

育職員等による児童生徒性暴力等の防止等[4]に関する施策を推進し、もって児童生徒等の権利利益の擁護に資することを目的としており（法第1条）、一部の規定を除き、公布の日から起算して一年を超えない範囲内において政令で定める日から施行することとされている（附則第1条）[5]。

○　法においては、対象となる児童生徒等や児童生徒性暴力等の定義等のほか、児童生徒性暴力等の禁止[6]、基本理念、国・地方公共団体・教育職員等を任命し、又は雇用する者（以下「任命権者等」という。）・学校の設置者・学校・教育職員等の責務、児童生徒性暴力等を理由として教員免許状（以下「免許状」という。）が失効した者又は免許状取上げの処分を受けた者（以下「特定免許状失効者等[7]」という。）のデータベースの整備や教育職員等・児童生徒等に対する啓発を含む教育職員等による児童生徒性暴力等の防止・早期発見・対処に関する措置とともに、特定免許状失効者等に対する免許状の再授与に関しては、改善更生の状況などその後の

2　○教育職員等による児童生徒性暴力等の防止等に関する法律
　（定義）
　第2条　この法律において「学校」とは、学校教育法（昭和22年法律第26号）第1条に規定する幼稚園、小学校、中学校、義務教育学校、高等学校、中等教育学校及び特別支援学校並びに就学前の子どもに関する教育、保育等の総合的な提供の推進に関する法律（平成18年法律第77号）第2条第7項に規定する幼保連携型認定こども園をいう。
　5　この法律において「教育職員等」とは、教育職員（教育職員免許法第2条第1項に規定する教育職員をいう。以下同じ。）並びに学校の校長（園長を含む。）、副校長（副園長を含む。）、教頭、実習助手及び寄宿舎指導員をいう。
3　○教育職員等による児童生徒性暴力等の防止等に関する法律
　（定義）
　第2条（略）
　2　この法律において「児童生徒等」とは、次に掲げる者をいう。
　　一　学校に在籍する幼児、児童又は生徒
　　二　十八歳未満の者（前号に該当する者を除く。）
4　○教育職員等による児童生徒性暴力等の防止等に関する法律
　（定義）
　第2条　（略）
　4　この法律において「児童生徒性暴力等の防止等」とは、児童生徒性暴力等の防止及び早期発見並びに児童生徒性暴力等への対処をいう。
5　なお、政府は、この法律の施行後3年を目途として、この法律の施行の状況について検討を加え、必要があると認めるときは、その結果に基づいて所要の措置を講ずるものとされている（法附則第7条第3項）。
6　○教育職員等による児童生徒性暴力等の防止等に関する法律
　（児童生徒性暴力等の禁止）
　第3条　教育職員等は、児童生徒性暴力等をしてはならない。

事情により再び免許を与えるのが適当であると認められる場合に限り認められることとする教育職員免許法（昭和24年法律第147号）の特例等について規定されている。

○　また、法ではこれらに関して、教育職員等による児童生徒性暴力等の防止等に関する施策を総合的かつ効果的に推進するための基本的な指針を文部科学大臣が定めることが規定されている。

（基本理念）

○　教育職員等による児童生徒性暴力等の防止等に関する施策は、教育職員等による児童生徒性暴力等は全ての児童生徒等の心身の健全な発達に関係する重大な問題であるという基本的認識の下に行われなければならない（法第4条第1項）。

○　教育職員等による児童生徒性暴力等の防止等に関する施策は、児童生徒等が安心して学習その他の活動に取り組むことができるよう、学校の内外を問わず教育職員等による児童生徒性暴力等を根絶することを旨として行われなければならない（法第4条第2項）。

○　教育職員等による児童生徒性暴力等の防止等に関する施策は、被害を受けた児童生徒等を適切かつ迅速に保護することを旨として行われなければならない（法第4条第3項）。

○　教育職員等による児童生徒性暴力等の防止等に関する施策は、教育職員等による児童生徒性暴力等が懲戒免職の事由（解雇の事由として懲戒免職の事由に相当するものを含む。）となり得る行為であるのみならず、児童生徒等及びその保護者からの教育職員等に対する信頼を著しく低下させ、学校教育の信用を傷つけるものであることに鑑み、児童生徒性暴力等をした教育職員等に対する懲戒処分等について、適正かつ厳格な実施の徹底を図るための措置がとられることを旨として行われなければならない（法第4条第4項）。

○　教育職員等による児童生徒性暴力等の防止等に関する施策は、国、地方公共団

7　○教育職員等による児童生徒性暴力等の防止等に関する法律
　（定義）
　第2条　（略）
　　6　この法律において「特定免許状失効者等」とは、児童生徒性暴力等を行ったことにより教育職員免許法第10条第1項（第1号又は第2号に係る部分に限る。）の規定により免許状が失効した者及び児童生徒性暴力等を行ったことにより同法第11条第1項又は第3項の規定により免許状取上げの処分を受けた者をいう。

体、学校、医療関係者その他の関係者の連携の下に行われなければならない（法第
4条第5項）。

（責務・法制上の措置等）

○　国は、法の基本理念にのっとり、教育職員等による児童生徒性暴力等の防止等に
関する施策を総合的に策定し、及び実施する責務を有する。また、これに必要な法
制上又は財政上の措置その他の必要な措置を講ずるものとする（法第5条、第11
条第1項）。

○　地方公共団体は、法の基本理念にのっとり、教育職員等による児童生徒性暴力等
の防止等に関する施策について、国と協力しつつ、その地域の状況に応じた施策を
策定し、及び実施する責務を有する。また、これに必要な財政上の措置その他の必
要な措置を講ずるよう努めるものとする（法第6条、第11条第2項）。

○　学校の設置者は、法の基本理念にのっとり、その設置する学校における教育職員
等による児童生徒性暴力等の防止等のために必要な措置を講ずる責務を有する（法
第8条）。

○　学校は、法の基本理念にのっとり、関係者との連携を図りつつ、学校全体で教育
職員等による児童生徒性暴力等の防止及び早期発見に取り組むとともに、当該学校
に在籍する児童生徒等が教育職員等による児童生徒性暴力等を受けたと思われると
きは、適切かつ迅速にこれに対処する責務を有する（法第9条）。

○　教育職員等は、法の基本理念にのっとり、児童生徒性暴力等を行うことがないよ
う教育職員等としての倫理の保持を図るとともに、その勤務する学校に在籍する児
童生徒等が教育職員等による児童生徒性暴力等を受けたと思われるときは、適切か
つ迅速にこれに対処する責務を有する（法第10条）。

2　児童生徒性暴力等の定義

○　児童生徒性暴力等は、次に掲げる行為をいう（法第2条第3項）。

　①　児童生徒等に性交等（刑法（明治40年法律第45号）第177条に規定する性交
　　等をいう。）をすること又は児童生徒等をして性交等をさせること（児童生徒等
　　から暴行又は脅迫を受けて当該児童生徒等に性交等をした場合及び児童生徒等の
　　心身に有害な影響を与えるおそれがないと認められる特別の事情がある場合を除
　　く。）。（法第2条第3項第1号）

　②　児童生徒等にわいせつな行為をすること又は児童生徒等をしてわいせつな行為
　　をさせること（①に掲げるものを除く。）。（法第2条第3項第2号）

③　児童買春、児童ポルノに係る行為等の規制及び処罰並びに児童の保護等に関する法律（平成11年法律第52号。④において「児童ポルノ法」という。）第5条から第8条までの罪に当たる行為をすること（①及び②に掲げるものを除く。）。（法第2条第3項第3号）

④　児童生徒等に次に掲げる行為（児童生徒等の心身に有害な影響を与えるものに限る。）であって児童生徒等を著しく羞恥させ、若しくは児童生徒等に不安を覚えさせるようなものをすること又は児童生徒等をしてそのような行為をさせること（①～③に掲げるものを除く。）。（法第2条第3項第4号）

　　イ　衣服その他の身に着ける物の上から又は直接に人の性的な部位（児童ポルノ法第2条第3項第3号に規定する性的な部位をいう。）その他の身体の一部に触れること。

　　ロ　通常衣服で隠されている人の下着又は身体を撮影し、又は撮影する目的で写真機その他の機器を差し向け、若しくは設置すること。

⑤　児童生徒等に対し、性的羞恥心を害する言動であって、児童生徒等の心身に有害な影響を与えるものをすること（①～④に掲げるものを除く。）。（法第2条第3項第5号）

○　児童生徒性暴力等については、児童生徒等の同意や暴行・脅迫等の有無を問わない。また、刑事罰が科されなかった行為も児童生徒性暴力等に該当し得る。

○　①について、刑法第177条の強制性交等罪、児童福祉法（昭和22年法律第164号）第34条第1項第6号の淫行罪に当たる行為や、いわゆる青少年健全育成条例により禁止される性交等は、ここに含まれると考えられる。

○　②については、刑法第176条の強制わいせつ罪、児童福祉法第34条第1項第6号の淫行罪に当たる行為（①の場合を除く。）や、いわゆる青少年健全育成条例により禁止されるわいせつ行為は、ここに含まれると考えられる。

○　③については、児童買春、児童ポルノに係る行為等の規制及び処罰並びに児童の保護等に関する法律第5条から第8条までの罪に当たる行為、すなわち、児童買春周旋（同法第5条）、児童買春勧誘（同法第6条）、児童ポルノ所持、提供等（同法第7条）、児童買春等目的人身売買等（同法第8条）がここに含まれる。児童買春（同法第4条）は明記されていないが、これは性交等に係る他の規定との重複を避けるためであり、児童買春は児童生徒性暴力等の対象となる。

○　④については、いわゆる迷惑防止条例により禁止される痴漢や盗撮などの行為な

どが、ここに含まれると考えられる。

○　なお、④には身体の一部に触れることが内容に含まれているが、「児童生徒等を著しく羞恥させ、若しくは児童生徒等に不安を覚えさせるようなものをすること」が要件となっている。例えば、教育活動における実技指導等において児童生徒等との必要な身体接触が生じることや特別支援学校の教諭等が指導や介助のために身体接触を行うこと、幼稚園教諭等が乳幼児の着替えや排泄等の身の回りの支援を行うことなど、教育職員等の業務上児童生徒等の身体に触れる必要がある場合も考えられるものの、これらの正当な業務上の行為については、必要な範囲・態様にとどまる限りにおいて、児童生徒性暴力等の対象とはならないと考えられる。

○　⑤については、児童生徒等に対する悪質なセクシュアル・ハラスメント（児童生徒等を不快にさせる性的な言動[8]）などが、ここに含まれると考えられる。

第2　教育職員等による児童生徒性暴力等の防止等に関する施策の内容に関する事項
1　教育職員等による児童生徒性暴力等の防止に関する施策
(1)　教育職員等に対する啓発
○　文部科学省においては、全ての教育職員等が法の内容を理解し、児童生徒性暴力等の防止等に向けて適切に対応することができるよう、児童生徒性暴力等の特徴や法及び基本指針により求められる措置等について周知を図るとともに、独立行政法人教職員支援機構や教育委員会、児童生徒性暴力等の防止等に係る専門家と連携し、教育職員等に対し、児童生徒等の人権、特性等に関する理解及び児童生徒性暴力等の防止等に関する理解を深めるための研修及び啓発の充実を図る。

また、児童生徒性暴力等の防止等に関する理解を深めるための動画を作成し、活用を促すとともに、各地方公共団体における児童生徒性暴力等の防止等に向けた教育職員等の研修等についての取組状況を調査し、取組事例の共有を図る。

○　地方公共団体（学校の設置者としての地方公共団体を含む。）においては、教育職員等による児童生徒性暴力等の防止等のための対策が専門的知識に基づき適切に行われるよう、教育職員等の研修及び啓発の充実を図る。

○　特に、学校の設置者及びその設置する学校においては、全ての教育職員等の共通理解を図るため、外部専門家や上述の動画を活用したり、ロールプレイ形式・ディ

8　「言動」には、口頭での発言に限らず、ソーシャルネットワーキングサービスや電子メール等を用いることも含まれる。

ベート形式を導入したりするなどの効果的な研修の工夫を図りつつ、教育職員等による児童生徒性暴力等の問題に関する校内研修を様々な機会を捉えて繰り返し、また、計画的に実施するよう、取組の充実を図る。

(2)　教育職員の養成課程を履修する学生への理解促進

○　教育職員の養成課程を有する大学においては、養成課程を履修する学生が児童生徒性暴力等の防止等に関する理解を深めるための措置その他必要な措置を講ずるものとされていること（法第13条第3項）に留意する必要がある。

○　文部科学省においては、大学に対し、養成課程を履修する学生への入学時や教職課程の履修ガイダンス等の機会を捉えた指導など児童生徒性暴力等の防止等のための取組の充実や、文部科学省が作成した児童生徒性暴力等の防止等に関する理解を深めるための動画や教育実習等での留意点等を説明した動画等を教育実習の事前指導等の授業において活用することなどの取組の充実を促す。

(3)　児童生徒等に対する啓発

○　文部科学省、地方公共団体、学校の設置者及びその設置する学校においては、児童生徒等の尊厳を保持するため、児童生徒等に対して、何人からも児童生徒性暴力等により自己の身体を侵害されることはあってはならないことを周知徹底する。また、児童生徒等に対して、教育職員等による児童生徒性暴力等により自己の身体を侵害されることがあってはならないこと及び被害を受けた児童生徒等に対して保護及び支援が行われること等について周知徹底を図る（法第14条）。

○　児童生徒等が被害に気付き、被害を予防できるよう、自分の身を守ることの重要性や嫌なことをされたら訴えることの必要性等を児童生徒等の発達段階に応じて身に付けさせるため、生命を大切にし、子供たちを性暴力等の加害者・被害者・傍観者にさせないための「生命（いのち）の安全教育」について、作成・公表している教材や指導の手引き等について周知徹底を図るとともに、多様な指導方法や地域における取組事例の普及を図り、全国の各学校等において、地域の実情に応じた児童生徒等への啓発を推進する取組を支援していく。

(4)　児童生徒性暴力等対策連絡協議会

○　教育職員等による児童生徒性暴力等の防止等に関係する機関及び団体の連携を図るため、地方公共団体においては、法第16条に規定する「児童生徒性暴力等対策連絡協議会」を設置することが望ましく、その構成員は、地域の実情に応じて決定する。

○　例えば都道府県に置く場合、学校（国私立を含む。）、教育委員会、私立学校主管部局、認定こども園主管部局、児童相談所、法務局又は地方法務局、都道府県警察などが想定される。この他に弁護士、医師、心理や福祉の専門家であるスクールカウンセラー・スクールソーシャルワーカー等に係る職能団体や民間団体などが考えられる。

○　児童生徒性暴力等の防止等の対策の推進や被害児童生徒等の保護・支援等に当たっては、より実効的な対応を行うことができるよう、学校関係者間のみならず、関係機関等との適切な連携が必要である。このため、教育委員会をはじめとする学校の設置者や都道府県私立学校主管部局・認定こども園主管部局は、平素より、「児童生徒性暴力等対策連絡協議会」における地域の関係機関等との連携を通じ、情報共有体制を構築しておくとともに、学校の設置者が専門家の協力を得て行う調査（法第 19 条第 1 項）に係る専門家を把握しておくことなどが重要である。

○　都道府県が「児童生徒性暴力等対策連絡協議会」を置く場合、連絡協議会での連携が、区域内の市町村が設置する学校における児童生徒性暴力等の防止等に活用されるよう、区域内の市町村の教育委員会等との連携が必要である（例えば、都道府県の連絡協議会に市町村教育委員会も参加させたり、域内の連携体制を検討したりする際に、市町村単位でも連携が進むよう各関係機関の連絡先の窓口を明示するなど）。

　なお、この会議の名称は、必ずしも「児童生徒性暴力等対策連絡協議会」とする必要はない。

⑸　その他の教育職員等による児童生徒性暴力等の防止等に関する施策

　（児童生徒性暴力等を未然に防止するための取組の推進）

○　学校の設置者やその設置する学校は、教育職員等による児童生徒性暴力等を未然に防止するための取組を推進することが重要であり、教育職員等に対して児童生徒性暴力等につながる行為をさせないことに加え、そのような行為につながりやすい環境や組織体制などに潜むリスクを取り除く必要がある。

○　このため、上述のとおり教育職員等に対する研修や啓発の取組を効果的なものに充実させ、継続的に実施することなどにより、繰り返し児童生徒性暴力等の防止等に関する服務規律の徹底を図るとともに、学校の設置者やその設置する学校は、必要なルールや取組等を整理・周知し、全ての教育職員等で共通理解を図りながら組織的に対応を進めることが必要である。

○　また、児童生徒性暴力等による懲戒処分等が行われた事案において、教育職員等と児童生徒等との間でソーシャルネットワーキングサービスや電子メール等（以下「SNS等」という。）を用いた私的なやりとりが行われていた事案もあり、こうしたSNS等による私的なやりとりは適当ではないことから、学校の設置者の教育委員会など教育職員等の服務管理を行う機関は、業務遂行等に関する規則や指針等で、SNS等を用いて児童生徒等と私的なやりとりを行ってはならないことを明確化するとともに、業務上必要な連絡を行う場合であっても、児童生徒等や保護者との適切な連絡方法や学校管理職との情報共有等について取扱いを明確化することが必要である。なお、各学校のルール等について、教育職員等のみならず、保護者等に周知し、理解を得るよう努めることが求められる。

○　さらに、被害を未然に防止する観点から、他の児童生徒等や教育職員等の目が行き届きにくい環境となる場面をできる限り減らしていくことが重要であり、執務環境の見直しによる密室状態の回避や組織的な教育指導体制の構築など、予防的な取組等を強化することが必要である。特に、特別支援学校、特別支援学級などを含め、児童生徒等の数が少ない環境については、特に留意して措置を講ずる必要がある。また、全ての児童生徒等に目が行き届くように人的配置や人材確保に努めることが求められる。

（国立学校及び私立学校の対応に係る連携確保）

○　公立学校以外の学校における、児童生徒性暴力等の防止等に関する対応について、必要に応じて、都道府県から医療、心理、福祉及び法律に関する専門的な知識を有する者に関する情報の提供[9]や、国又は都道府県から研修機会の提供等の支援[10]が受けられるよう、日常的に、国立学校の設置者は国及び都道府県との連携確保、都道府県私立学校主管部局・認定こども園主管部局は、教育委員会との連携確保に努める。

（相談等ができる関係機関の活用）

9　○教育職員等による児童生徒性暴力等の防止等に関する法律
（専門家の協力を得て行う調査）
第19条　学校の設置者は、前条第四項の規定による報告を受けたときは、医療、心理、福祉及び法律に関する専門的な知識を有する者の協力を得つつ、当該報告に係る事案について自ら必要な調査を行うものとする。
2　（略）
3　都道府県は、第一項の調査が適切に行われるよう、学校の設置者に対し、同項の専門的な知識を有する者に関する情報の提供その他の必要な助言をすることができる。

○　児童生徒性暴力等を行った教育職員等をはじめ児童生徒等と接する業務に従事する者の自己分析、児童生徒性暴力等の未然防止や再犯防止、更生支援等のため、各都道府県の県庁所在地等に設置されている「法務少年支援センター（少年鑑別所）」[11] を積極的に活用することも有効であると考えられる。

2　教育職員等による児童生徒性暴力等の早期発見及び児童生徒性暴力等への対処に関する施策

(1)　早期発見のための措置及び相談体制の整備

（早期発見のための措置）

○　教育職員等による児童生徒性暴力等の早期発見のため、学校の設置者及びその設置する学校は、児童生徒等や教育職員等に対する定期的なアンケート調査や教育相談の実施、電話相談窓口の周知等により、児童生徒等が被害を訴えやすい体制を整えるとともに、地域、家庭と連携して児童生徒等を見守ることが必要である[12]。

○　アンケート調査を実施する際には、無記名にしたり、担任や学校を通さず直接に学校の設置者へ提出することも可能としたりするなど、被害者の心情にも配慮した工夫を行うことが必要である。

○　また、児童生徒等に対するアンケート調査については、例えば、学校種の別や発

10　○教育職員等による児童生徒性暴力等の防止等に関する法律

（教育職員等に対する啓発等）

第13条　国及び地方公共団体は、教育職員等に対し、児童生徒等の人権、特性等に関する理解及び児童生徒性暴力等の防止等に関する理解を深めるための研修及び啓発を行うものとする。

2　国及び地方公共団体は、教育職員の養成課程における児童生徒性暴力等の防止等に関する教育の充実その他必要な措置を講ずるものとする。

3　（略）

（児童生徒等に対する啓発）

第14条　国、地方公共団体、学校の設置者及びその設置する学校は、児童生徒等の尊厳を保持するため、児童生徒等に対して、何人からも児童生徒性暴力等により自己の身体を侵害されることはあってはならないことについて周知徹底を図るとともに、特に教育職員等による児童生徒性暴力等が児童生徒等の権利を著しく侵害し、児童生徒等に対し生涯にわたって回復し難い心理的外傷その他の心身に対する重大な影響を与えるものであることに鑑み、児童生徒等に対して、教育職員等による児童生徒性暴力等により自己の身体を侵害されることはあってはならないこと及び被害を受けた児童生徒等に対して第20条第1項（第21条において準用する場合を含む。）の保護及び支援が行われること等について周知徹底を図らなければならない。

11　法務省所管の同センターは、関係機関とも連携の下、心理学等の専門家による各種検査やカウンセリング、アドバイス等の支援を行っている地域の相談機関の一つであり、大人からの相談も含め、無料で幅広く受け付けている。

達段階を踏まえて質問項目やアンケート調査の実施方法を変えること、アンケート調査に先立って児童生徒等に対して質問項目の説明を行うことなど、実施に当たり、児童生徒等にとって質問の趣旨等が分かりやすいものとなっているよう工夫することが必要であることに加え、1⑶児童生徒等に対する啓発の取組と連動させることが望ましい。

（相談体制の整備）

○　文部科学省及び地方公共団体は、教育職員等による児童生徒性暴力等に関する通報及び相談を受け付けるための体制の整備等に必要な措置を講ずる（法第17条第2項）。

○　相談体制の整備等に当たっては、被害児童生徒等やその保護者等が相談しやすくなるよう、複数の相談窓口が確保され、また、同性の相談員に相談できるようにするなど相談者が安心して相談できる環境が整えられるとともに、被害児童生徒等に対する保護・支援や事案への対処など、必要な措置に迅速につなげることが重要である。

○　文部科学省においては、心理や福祉の専門家であるスクールカウンセラー・スクールソーシャルワーカー等を活用し、教育相談体制を整備することを支援するとともに、電話やSNS等を活用した相談体制の整備、養護教諭等による健康相談の充実を図る。

○　地方公共団体においては、スクールカウンセラー・スクールソーシャルワーカーを配置し、また、電話やSNS等により教育職員等による児童生徒性暴力等の通報・相談を受け付ける体制を整備するとともに、各都道府県警察や性犯罪・性暴力被害者のためのワンストップ支援センターの相談窓口も含め、これらが児童生徒等や保護者等から活用されるよう積極的に周知を行う。

○　また、例えば、都道府県は電話やSNS等を活用した相談窓口や、教育相談センターにおける教育相談の充実を図る等、多様な相談窓口を確保し、所管の学校や域内の学校の設置者を通じて児童生徒等、関係各者に広く相談窓口を周知するととも

12　○教育職員等による児童生徒性暴力等の防止等に関する法律
　　（教育職員等による児童生徒性暴力等の早期発見のための措置）
　　第17条　学校の設置者及びその設置する学校は、当該学校における教育職員等による児童生徒性暴力等を早期に発見するため、当該学校に在籍する児童生徒等及び教育職員等に対する定期的な調査その他の必要な措置を講ずるものとする。
　　2　（略）

に、市町村は自ら設置した窓口を含めて域内の児童生徒等、関係各者に漏れなく相談窓口を周知徹底する等、各地域の実情に応じて、都道府県と市町村とは相互に連携・協力して円滑に対応を行うことが求められる。

○　なお、児童生徒等が自ら被害に係る情報を相談することは、当該児童生徒等にとって精神的負担が大きいものであることや、その後の対応によっては被害児童生徒等をさらに傷付けることになりかねないことに十分留意し、児童生徒等や保護者から相談や訴えがあった場合には、真摯に傾聴するとともに、相談内容を過少評価したり、相談を受けたにもかかわらず真摯に対応しなかったりすることは、あってはならない。

(2)　教育職員等による児童生徒性暴力等の事実があると思われるときの措置

（基本的な考え方）

○　学校の設置者及びその設置する学校は、児童生徒等からの相談などにより、教育職員等による児童生徒性暴力等の事実があると思われるときは、被害児童生徒等の負担に十分に配慮しつつ、学校、学校の設置者等及び所轄警察署との間で情報共有を図り、迅速に事案に対処するとともに、被害児童生徒等やその保護者に対して、必要な保護・支援を行う必要がある。

こうした一連の取組は、法の目的や基本理念も踏まえ、被害児童生徒等を徹底して守り通すことに留意して行われなければならず、悪しき仲間意識や組織防衛心理から事なかれ主義に陥り、必要な対応を行わなかったり、躊躇したりするようなことがあってはならない。

また、学校の管理職や教育委員会が、(2)教育職員等による児童生徒性暴力等の事実があると思われるときの措置に記載する、法により求められる必要な対応を行わず、児童生徒性暴力等の事実があると思われたにもかかわらず放置したり隠ぺいしたりする場合には、この法の義務違反や、信用失墜行為として地方公務員法（昭和25年法律第261号）による懲戒処分の対象となり得る。

○　また、学校の設置者は、初期の段階から事案の対処のために積極的に対応する必要があり、学校に対して必要な指導・助言を行うとともに、事案の関係者と直接の人間関係や特別の利害関係のない専門家の協力を得て、公正性・中立性が確保されるよう事実確認の調査を行い、任命権者等による懲戒の実施などの厳正な対処につなげることが必要である。

○　学校の設置者においては、児童生徒等からの相談などにより、教育職員等による

児童生徒性暴力等の事実があると思われるときの対応方針について、基本指針を参考とし、学校の設置者と学校の役割分担、児童生徒性暴力等に係る相談を受けた場合の教育職員等や学校の対応方法や手順、専門家の協力を得た調査の実施方法、被害児童生徒等に対する保護・支援やこれらに関する留意事項などを予め整理し、所管の学校に係る教育職員等に対して校内研修等を通じて周知を行うことが望ましい。

（学校の設置者への通報・報告等）

○　教育職員等、地方公共団体の職員その他の児童生徒等からの相談に応じる者及び児童生徒等の保護者は、教育職員等による児童生徒性暴力等の事実があると思われるときは、学校又は学校の設置者への通報その他適切な措置をとり、教育職員等、地方公共団体の職員その他の児童生徒等からの相談に応じる者は、犯罪の疑いがあると思われるときは、並行して、速やかに、所轄警察署に通報しなければならない（法第18条第1項及び第2項）。

○　児童生徒等からの相談に応じる者が公務員である場合であって、犯罪があると思われるときは、刑事訴訟法[13]の定めるところにより告発をしなければならない（法第18条第3項）。

　なお、児童生徒等からの相談に応じる者が学校管理職や学校の設置者である教育委員会に報告し、報告を受けたこれらの者が告発を行う場合には、児童生徒等からの相談に応じる者が重ねて告発を行う必要はないと考えられる。

○　この点、文部科学省においては、これまでも、刑事訴訟法により、公務員は、その職務を行うことにより犯罪があると思料する場合には告発しなければならないとされていることを踏まえ、教育委員会の担当者や学校の管理職において、当該事案が犯罪に当たるかについて適切に判断を行った上で、告発を遺漏なく行うことを含め、警察機関等と連携して厳正に対応することを求めてきたところである。

○　しかしながら、精神的な負担等を懸念する被害者やその保護者等からの意向により告発をしなかったり、また、告発する必要があることを認識していなかったり、十分に検討することもなく犯罪に当たらないと判断したりしたことなどにより、教育

13　○刑事訴訟法（昭和23年法律第131号）
　　第239条（略）
　　2　官吏又は公吏は、その職務を行うことにより犯罪があると思料するときは、告発をしなければならない。

委員会や学校から告発が適正に行われていない例も見受けられることから、児童生徒等からの相談に応じる者のみならず、この者から報告を受けた教育委員会や学校においても、警察機関等と連携して厳正に対応することが改めて求められる。

○　特に、平成29年7月の刑法改正により、強制わいせつ罪や強制性交等罪等については非親告罪となっており、被害者やその保護者等による告訴がない場合であっても、児童生徒等からの相談に応じる者並びにこの者から報告を受けた教育委員会の担当者及び学校の管理職が告発義務を免れるものではないことに留意する必要がある。また、判断に迷うような事案については、教育委員会において、警察機関等と連携して対応したり、弁護士に相談したりすることにより、本来告発すべき事案が告発されないということが生じないようにすることが必要である。

○　なお、教育職員等が児童生徒等から相談を受けた場合に行う学校又は学校の設置者に対する通報や、所轄警察署に対する通報等は、法に基づき必要な措置であるということのみならず、教育職員等による児童生徒性暴力等を防止等するために重要な措置である。このため、通報等を行った教育職員等に対して当該通報等を行ったことを理由として、懲戒等の不利益処分や平等取扱いの原則に反する処分等の不利益な取扱いをしてはならない。

○　公立学校以外の学校について、仮に児童生徒性暴力等を行った教育職員等が依願退職の申入れをした場合、その雇用契約は解約申入れの日から2週間を経過すると終了する[14]ことを踏まえ、児童生徒等が教育職員等による児童生徒性暴力等を受けたと思われる事案が発覚した後、学校は速やかに事実確認を行い、雇用者において適正かつ厳正な懲戒を行うよう努めるものとする[15]。また、懲戒がなされる前に当該教育職員等が依願退職する場合など、雇用契約が消滅した際も、犯罪の疑いが

14　○民法（明治29年法律第89号）
　　（期間の定めのない雇用の解約の申入れ）
　　第627条　当事者が雇用の期間を定めなかったときは、各当事者は、いつでも解約の申入れをすることができる。この場合において、雇用は、解約の申入れの日から2週間を経過することによって終了する。
　　2・3　（略）
15　児童生徒性暴力等を行ったことにより教育職員等（学校において児童生徒等と接する業務に従事する者を含み、免許状を有する者に限る。）を懲戒解雇した場合、教育職員等による児童生徒性暴力等の防止等に関する法律施行規則第2条に基づき、その旨を所轄庁から免許管理者に速やかに通知し、又は学校法人等から所轄庁へ速やかに報告する必要があるため留意が必要である。

あると思われるときは、速やかに、所轄警察署に通報しなければならない（法第18条第2項）。

○　なお、公立学校以外の学校において、児童生徒等が教育職員等による児童生徒性暴力等を受けたと思われる事案が発覚した後、雇用者による懲戒がなされる前に当該教育職員等が依願退職し雇用関係が消滅した場合などであっても、免許管理者において、教育職員であった時期の非行に基づき教育職員免許法第11条第3項[16]に基づく免許状の取上げ処分を行うことも可能である。

○　また、学校は、児童生徒等からの相談に応じる者から通報を受けたときその他当該学校に在籍する児童生徒等が教育職員等による児童生徒性暴力等を受けたと思われるときは、直ちに、当該学校の設置者にその旨を通報するとともに、当該教育職員等による児童生徒性暴力等の事実の有無の確認を行うための措置を講じ、その結果を当該学校の設置者に報告しなければならない（法第18条第4項）。

○　このように、学校が当該学校に在籍する児童生徒等が教育職員等による児童生徒性暴力等を受けたと把握した場合には、直ちに、学校の設置者に対してその事実を通報しなければならないとされており、当該教育職員等による児童生徒性暴力等の事実の有無の確認を行うための措置の結果を待つまでもなく、学校管理職は、直ちに学校の設置者に対して通報することが求められる。

（学校における事実確認、学校の設置者との合同実施等）

○　学校は、この教育職員等による児童生徒性暴力等の事実の有無の確認を行うための措置を講ずるに当たっては、児童生徒等の人権及び特性に配慮するとともに、その名誉及び尊厳を害しないよう注意しなければならない（法第18条第5項）。

　このことは、学校が措置を講ずるに当たって配慮・注意すべきことを規定しているのであって、いたずらに被害者等への配慮やプライバシーの保護などを盾に必要な措置を怠るようなことがあってはならない。

○　事案の事実確認に関して公正・中立な調査が求められており、法第19条第1項により、学校の設置者は専門家の協力を得て必要な調査を行わなければならないこ

16　○教育職員免許法
　（取上げ）
　第11条　（略）
　　3　免許状を有する者（教育職員以外の者に限る。）が、法令の規定に故意に違反し、又は教育職員たるにふさわしくない非行があつて、その情状が重いと認められるときは、免許管理者は、その免許状を取り上げることができる。

と、また、学校においても詳細に調査を実施することとした場合、被害児童生徒等に対して累次の聴き取りを行う必要が生じるなど児童生徒等の十分な保護に欠ける可能性も考えられることにも鑑み、学校と学校の設置者が合同で事実の有無の確認を含めた調査を行うことが考えられる。ただし、この場合の調査は、法第19条第1項の規定を踏まえ、専門家の協力を得て行うことが求められる。

○　また、合同で実施しない場合であっても、学校において行う事実の有無の確認については、法第19条第1項で専門家の協力を得た調査が学校の設置者により行われることになっていることや、児童生徒等の人権及び特性に十分に配慮して行わなければならないことに鑑み、教育職員等に対する聴き取りなど必要な確認を行った上で、速やかに同項に基づく学校の設置者による調査に進むようにすることも考えられる。

　　なお、学校は、当該教育職員等による児童生徒性暴力等の事実の有無の確認を行うための措置を講じ、その児童生徒性暴力等の有無等の確認結果について、学校の設置者に報告することについては、児童生徒性暴力等がなかったことが明らかであった場合についても必ず行わなければならない。

（児童生徒等と教育職員等の接触回避等）

○　学校は、法第18条第4項に規定する学校の設置者への報告をするまでの間、教育職員等による児童生徒性暴力等を受けたと思われる児童生徒等と当該教育職員等との接触を避ける等当該児童生徒等の保護に必要な措置を講ずるものとする（法第18条第6項）。

○　例えば、各学校において、当該教育職員等を担任から外したり、別の教育職員等が授業を実施したりするようにすることや、児童生徒等と接触しない事務作業に従事させることなどにより、児童生徒等への影響が生じないようにすることが考えられる。また、このために対応が必要となることも考えられることから、学校の設置者は、法第18条第1項の通報を受けた場合には、学校と緊密に連絡を取りつつ、迅速な支援に努める必要がある。児童生徒性暴力等を行った教職員が起訴された場合には、公立学校においては、分限処分としての起訴休職とすることも考えられる。

（所轄警察署への通報・連携した対処）

○　学校は、法第18条第4項に規定する教育職員等による児童生徒性暴力等の事実の有無の確認を行うための措置を講じた場合において犯罪があると認めるときは、

直ちに、所轄警察署に通報し、当該警察署と連携してこれに対処しなければならない（法第18条第7項）。

○　児童生徒性暴力等の中には、犯罪行為として取り扱われるべきと認められ、早期に警察に相談することが重要なものや、児童生徒等の生命身体に重大な被害が生じるような、直ちに警察に通報することが必要なものが含まれており、被害児童生徒等を徹底して守り通すという観点や被害児童生徒等に対してさらに重ねて累次の聴き取りを行うことを避ける観点からも、学校はためらうことなく所轄警察署と連携して対処することが必要である。なお、所轄警察署に対する通報は、法第18条第4項に規定する学校による児童生徒性暴力等の有無の確認の結果を待たずして行うことができることに留意する必要がある。

○　なお、各地域における学校や学校の設置者等と所轄警察署との適切な連携を促進するため、日頃から学校や教育委員会等と警察が緊密に情報共有できる体制の構築を進めるとともに、「児童生徒性暴力等対策連絡協議会」の仕組みを有効に活用することも考えられる。

（学校の設置者において専門家の協力を得て行う調査）

○　教育職員等による児童生徒性暴力等の事実が確認された旨報告を受けた場合には、学校の設置者は、医療、心理、福祉及び法律に関する専門的な知識を有する者の協力を得つつ、当該報告に係る事案について自ら必要な調査を行うものとする（法第19条第1項）。

○　この調査については、被害を受けたとされる児童生徒等の尊厳の保持及び回復並びに再発防止についても調査の目的とされることに留意するとともに、事実関係を客観的に確認し、公正かつ中立な調査が行われることを旨とする必要がある。

（調査体制等）

○　調査に当たり、学校の設置者は、医療、心理、福祉及び法律に関する専門的な知識を有する者の協力を得ることが求められており、医療、心理、福祉及び法律に関する専門的な知識を有する者としては、医師、スクールカウンセラー、スクールソーシャルワーカー、弁護士、警察官経験者、学識経験者等が考えられ、事案に応じた適切な専門家の協力を得ることが必要である。

○　協力を得る専門家については、当該事案の関係者と直接の人間関係又は特別の利害関係を有しない者（第三者）について、職能団体や大学、学会からの推薦等により参加を図ることにより、当該調査の公正性・中立性を確保するよう努めることが

求められる。

○　また、地方公共団体によっては、協力を得る専門家を把握等することが困難な地域も想定されることを踏まえ、法第19条第3項では、都道府県は、調査が適切に行われるよう、学校の設置者に対し、専門的な知識を有する者に関する情報の提供その他の必要な助言をすることができるとしており、都道府県教育委員会においては、これらの地域を支援するため、職能団体や大学、学会等の協力を得られる体制を平素から整えておくことなどが望まれる。

（事実確認等の実施）

○　事実関係の明確化に当たっては、被害児童生徒等や教育職員等から聴き取りを行うことが考えられる。学校の設置者が調査を行うに当たり、児童生徒等の人権及び特性に配慮するとともに、その名誉及び尊厳を害しないよう注意しなければならない（法第19条第2項）とされており、特に、幼児期や小学校低学年などで、あるいは障害等により、自ら被害を訴えることが困難な児童生徒等については適切な支援と配慮を行う必要がある。

○　また、児童生徒等の負担を軽減するとの観点から、児童生徒等からの聴取回数は少ない方が望ましいという指摘があるほか、児童生徒等については、誘導や暗示の影響を受けやすく、聴取方法や時期、回数についての留意が必要であるとの指摘があることを踏まえ、捜査機関等においては、児童生徒等が犯罪の被害者や目撃者等の参考人である事件において児童生徒等から事情聴取を行うに当たっては、代表者聴取の取組[17]を行っているところであるので、調査を行う学校の設置者においては、被害児童生徒等から聴き取りを行うに当たって、こうした取組に留意が必要である。

○　さらに、こうした指摘は学校の設置者が行う調査についても同様に、児童生徒等の負担を軽減するとの観点等に留意する必要があり、学校の設置者においても、代表者聴取の取組において行われる聴き取りの方法等を参考とすることは有効である。

○　被害児童生徒等に対して聴き取りを行う場合、弁護士や医師、学識経験者等の外

17　児童生徒等が犯罪の被害者や目撃者等の参考人である事件において、児童生徒等から事情聴取を行うに当たって、児童生徒等の負担軽減及びその供述の信用性確保の観点から、検察、警察及び児童相談所の3機関が、早期に情報共有や協議を行い、そのうちの代表者が児童の供述特性を踏まえた方法（いわゆる司法面接的手法）等で当該児童生徒等からの面接・聴取を行う取組をいう。

部の専門家で児童生徒性暴力等の事案に係る聴き取りに長けた者や児童相談所の協力を得て丁寧な事実確認を行うことは非常に有効であると考えられる。また、被害者の意向等により、学校管理職や担任、養護教諭等により聴き取りを行う場合であっても、聴き取り項目や方法が適切かどうかや、聴き取った内容について補充の質問等が必要かどうかなど、外部の専門家の助言を得つつ行うことが必要であると考えられる。

○　その際、仮に、将来的に当該教育職員等が特定免許状失効者等となり、欠格期間後に免許状の再授与を申請した場合、再授与審査においては、上記の事実確認で判明した児童生徒性暴力等を行った事実に基づき当該特定免許状失効者等が児童生徒性暴力等を再び行わないことの蓋然性等に係る検討が行われることを踏まえ、事実確認段階においては、当該教育職員等が行った児童生徒性暴力等を適切に把握しておくことが重要となることに留意する必要がある。

○　また、児童生徒等のプライバシー保護に十分に留意する必要があり、例えば、調査の初期の段階で十分な確たる情報がない中、断片的な情報で誤解を与えたりすることのないよう留意する必要がある。

（学校に在籍する児童生徒等の保護及び支援等）

○　学校の設置者及びその設置する学校は、医療、心理、福祉及び法律に関する専門的な知識を有する者の協力を得つつ、被害児童生徒等の保護やその保護者への支援を継続的に行うとともに、被害児童生徒等と同じ学校に在籍する児童生徒等やその保護者に対する必要な心理的支援等を行う必要がある（法第20条）。

○　保護及び支援等としては、事案に応じて、例えば、ワンストップ支援センターなどの機関を被害児童生徒等やその保護者等に紹介するとともに、学級担任、養護教諭、スクールカウンセラー、スクールソーシャルワーカー等が連携し、被害児童生徒等やその保護者等からの相談等に学校で継続的かつ適切に対応し、落ち着いて教育を受けられる環境の確保や学習支援、関係機関との連携等を行うことなどが考えられる。

○　学校全体の児童生徒等や保護者、地域にも不安や動揺が広がったり、事実に基づかない風評等が流れたりする場合には、学校の設置者及び学校は、マスコミ等への対応も含め、被害児童生徒等を守りつつ、予断のない一貫した情報発信にも留意する必要がある。

（学校において児童生徒等と接する業務に従事する者による児童生徒性暴力等の防

止等）

○　法第21条では、法第17条から第20条までの規定について、教育職員等以外の
学校において児童生徒等と接する業務（当該学校の管理下におけるものに限る。）
に従事する者による児童生徒性暴力等（当該学校の児童生徒等に対するものに限
る。）について準用することとしている。

○　学校において児童生徒等と接する業務に従事する者の職については、業務の内
容・範囲や職の名称、児童生徒等と接する度合い等が地域や学校の実情に応じて異
なること、また、時代の変化等によりこれまでになかった業務に従事する者が絶え
ず新たに生じることから、網羅的に示すことは困難であるため、職の名称等で機械
的に判断するのではなく、各学校の実態を踏まえつつ、児童生徒等の権利利益の擁
護に資するようにする観点から、対象となる者を判断することが必要である。

　　その上で、現時点で考えられる職としては次のようなものがある。

・事務職員　・学校医　・学校歯科医　・学校薬剤師　・学校栄養職員

・技術職員　・学校司書　・学校用務員　・医療的ケア看護職員

・スクールカウンセラー　・スクールソーシャルワーカー　・情報通信技術支援員

・特別支援教育支援員　・教員業務支援員　・部活動指導員　・学校給食調理員

・専門の医師や理学療法士、作業療法士、言語聴覚士

・GIGAスクールサポーター　・部活動の外部指導者

・外国語指導助手（ALT）　・観察実験アシスタント　・学習指導員

・日本語指導補助者　・母語支援員

・スクールガードリーダー（スクールガード）　等

(3)　児童生徒性暴力等をした教育職員等に対する厳正な対処

○　本法の基本理念では、教育職員等による児童生徒性暴力等が懲戒免職の事由（解
雇の事由として懲戒免職の事由に相当するものを含む。）となり得る行為であるの
みならず、児童生徒等及びその保護者からの教育職員等に対する信頼を著しく低下
させ、学校教育の信用を傷つけるものであることに鑑み、児童生徒性暴力等をした
教育職員等に対する懲戒処分等について、適正かつ厳格な実施の徹底を図るための
措置がとられることを旨として行わなければならない（法第4条第4項）としてい
る。

○　また、公立学校の教育職員等の任命権者の責務として、児童生徒性暴力等をした
教育職員等に対する適正かつ厳格な懲戒処分の実施の徹底を図ること、公立学校以

外の学校の教育職員等を雇用する者の責務として、児童生徒性暴力等をした教育職員等に対し、懲戒の実施その他の児童生徒性暴力等の再発の防止のために必要な措置を講ずるものとすることを規定している（法第7条第2項及び第3項）。

○　教育職員等による児童生徒性暴力等は絶対に許されないことであり、文部科学省においても、こうした非違行為があった場合には、原則として懲戒免職とするべきことについて、累次にわたり通知等してきたところである。

○　こうしたこと等も踏まえ、これまでに全ての都道府県・指定都市教育委員会の懲戒処分基準においてその旨の規定が整備されたところであり、実際に教育職員等による児童生徒性暴力等があった場合には、原則として懲戒免職とするなど、法の基本理念等を踏まえ、厳正な懲戒処分を行う必要がある。他校の児童生徒等に対する場合についても同様に厳正に対処する必要がある。

　　また、懲戒処分等の検討に当たっては、事案に応じて、弁護士や医師等の外部専門家の協力を得ながら進めることが必要である。

○　教育職員等による児童生徒性暴力等があったにもかかわらず、懲戒処分を行わず、依願退職等により水面下で穏便に済ませてしまうようなことは決してあってはならない。

　　また、学校の管理職や教育委員会が、(2)教育職員等による児童生徒性暴力等の事実があると思われるときの措置に記載する、法により求められる必要な対応を行わず、児童生徒性暴力等の事実があると思われたにもかかわらず放置したり隠ぺいしたりする場合には、この法の義務違反や、信用失墜行為として地方公務員法による懲戒処分の対象となり得る。【再掲】

○　なお、懲戒処分を行うに当たっては、教育職員等による児童生徒性暴力等に該当する場合には、懲戒処分に係る処分の事由を記載した説明書（地方公務員法第49条（公立学校の教育職員等の場合））等において、児童生徒性暴力等に該当することによる懲戒処分である旨を明示することが必要である。

○　公立学校以外の学校において、児童生徒等が教育職員等による児童生徒性暴力等を受けたと思われる事案が発覚した後、雇用者による懲戒がなされる前に当該教育職員等が依願退職し雇用関係が消滅した場合などであっても、免許管理者において、教育職員であった時期の非行に基づき教育職員免許法第11条第3項に基づく免許状の取上げ処分を行うことも可能である。【再掲】

○　免許管理者は、特定免許状失効者等となった者に対し、免許状の返納を求めた

り、免許状取上げ処分を行った旨の通知を行ったりする際などにおいて、特定免許状失効者等に該当する旨及び免許状を再授与されるためには法第 22 条等に基づく申請手続を行う必要がある旨等を示すものとする。

3　教育職員等の任命又は雇用に関する施策

(1)　データベースの整備等 [18] [19]

○　国は、特定免許状失効者等の氏名及び特定免許状失効者等に係る免許状の失効又は取上げの事由、その免許状の失効又は取上げの原因となった事実等に関する情報に係るデータベースを、施行期日（公布の日（令和 3 年 6 月 4 日）から起算して 2 年を超えない範囲内において政令で定める日）までに整備する（法第 15 条、附則第 1 条 [20]）。

○　任命権者等が、教育職員等を任命し、又は雇用しようとするときに、個人情報の取扱いやセキュリティの確保を含め、データベースが適切かつ有効に管理及び活用

18　○教育職員等による児童生徒性暴力等の防止等に関する件（令和 3 年 5 月 21 日　衆議院文部科学委員会）

　　十三　データベースの整備等に関して、児童生徒性暴力等の処分と、他の処分は明確に区別されることとし、データベースに記録される事由は児童生徒性暴力等による処分のみとすること。

　　○教育職員等による児童生徒性暴力等の防止等に関する法律案に対する附帯決議（令和 3 年 5 月 27 日　参議院文教科学委員会）

　　十四、データベースの整備等に関して、児童生徒性暴力等の処分と、他の処分は明確に区別されることとし、データベースに記録される事由は児童生徒性暴力等による処分のみとすること。

19　○教育職員等による児童生徒性暴力等の防止等に関する法律

　　（データベースの整備等）

　　第 15 条　国は、特定免許状失効者等の氏名及び特定免許状失効者等に係る免許状の失効又は取上げの事由、その免許状の失効又は取上げの原因となった事実等に関する情報に係るデータベースの整備その他の特定免許状失効者等に関する正確な情報を把握するために必要な措置を講ずるものとする。

　　2　都道府県の教育委員会は、当該都道府県において教育職員の免許状を有する者が特定免許状失効者等となったときは、前項の情報を同項のデータベースに迅速に記録することその他必要な措置を講ずるものとする。

20　○教育職員等による児童生徒性暴力等の防止等に関する法律

　　附　則

　　（施行期日）

　　第 1 条　この法律は、公布の日から起算して 1 年を超えない範囲内において政令で定める日から施行する。ただし、第 7 条第 1 項及び第 15 条並びに附則第 5 条の規定は、公布の日から起算して 2 年を超えない範囲内において政令で定める日から施行する。

されるよう、国は、任命権者等及び所轄庁の協力も得ながら、具体的な運用マニュアルの作成及び周知徹底等の必要な措置を講ずる。

○ 免許管理者である都道府県教育委員会は、当該都道府県において免許状を有する者が特定免許状失効者等に該当するに至ったときは、法第 15 条第 1 項で規定する特定免許状失効者等に関する情報をデータベースに迅速に記録するものとする（法第 15 条第 2 項）。

○ データベースに記録する情報の期間は、当面、少なくとも 40 年間分の記録を蓄積していくこととするが、記録情報の正確さを担保するためにも、各都道府県教育委員会においては、文書管理規則等に則った上で、特定免許状失効者等の免許状の失効・取上げに関する行政文書の適切な保存期間等に留意する必要がある。

○ 法第 15 条第 2 項に基づくデータベースへの記録の入力については、法第 4 条第 2 項の基本理念等を踏まえ、法の施行日より前に児童生徒性暴力等に相当するような行為を行ったことにより免許状が失効又は取上げ処分となった者に関する情報についても、データベースに記録するものとする[21]。

○ 児童生徒性暴力等を行った者のうち、懲戒免職処分又は解雇時の前に、禁錮以上の刑が確定したことにより、免許状が失効するようなケースもあり得るが、その際、当該失効者が児童生徒性暴力等を行ったことにより禁錮以上の刑に処せられたかどうか等を正確に識別するため、例えば、地方検察庁に対して刑事確定訴訟記録法（昭和 62 年法律第 64 号）に基づく保管記録の閲覧請求を行うことが考えられる。

(2) 教育職員等を任命又は雇用しようとするときの取組

○ 任命権者等は、法の基本理念にのっとり、教育職員等を任命し、又は雇用しようとするときは、国のデータベースを活用するものとする（法第 7 条第 1 項）。

○ その際、法第 4 条の基本理念においては、教育職員等による児童生徒性暴力等の防止等に関する施策は、教育職員等による児童生徒性暴力等が全ての児童生徒等の心身の健全な発達に関係する重大な問題であるという基本的認識の下に行われなければならず、児童生徒等が安心して学習その他の活動に取り組むことができるよ

---

21 特に、法（データベース関係規定を除く。）の施行後からデータベース関係規定の施行までの期間に、特定免許状失効者等となった者については、データベースが未構築であることから直ちにデータベースへの情報の記録はできないものの、特定免許状失効者等の正確な把握に資するよう、例えば教員免許管理システムに暫定的に記録しておくこと等が考えられる。

う、学校の内外を問わず教育職員等による児童生徒性暴力等を根絶することを旨として行われなければならない等とされていることに留意する必要がある。

○ データベースの活用は教育職員等を任命し、又は雇用しようとする全ての任命権者等に義務付けられているものであり、任命又は雇用を希望する者が特定免許状失効者等に該当することがデータベースの活用等により判明した場合、その情報を端緒として、採用面接等を通じ経歴等のより詳細な確認を行うなど、法の基本理念にのっとり、十分に慎重に、適切な任命又は雇用の判断を行う必要がある[22]。

○ 特定免許状失効者等の任命又は雇用を行う場合は、法第3条において教育職員等は児童生徒性暴力等をしてはならないこととされていることを踏まえ、少なくとも、当該希望者が児童生徒性暴力等を再び行わないことの高度の蓋然性が必要である。このとき、任命又は雇用を希望する者が児童生徒性暴力等を再び行わないことの高度な蓋然性が認められなかったのにもかかわらず、当該希望者を任命又は雇用した場合において、当該者が児童生徒性暴力等を再び行ったときは、任命権者等についても損害賠償の責めを負うことがあり得ることに留意が必要である。

○ なお、児童生徒性暴力等を行ったことにより免許状が失効又は取上げとなった事実を秘匿することを意図して改名の上、任命又は雇用されようとするケースも考えられることから、新規学卒者でない者など免許状取得から一定期間が経っている場合には、本人確認書類等に記載された氏名（現在の氏名）と併せて、任命又は雇用を希望する者の大学の卒業証書の原本や卒業証明書、免許状の原本等に表記された氏名（旧姓や改名前の氏名）の両方でデータベースを検索するものとする。

4 特定免許状失効者等に対する免許状の再授与に関する施策

(1) 特定免許状失効者等に対する免許状の再授与[23]

○ 免許状の授与権者は、特定免許状失効者等に対する免許状の再授与に当たっては、免許状の失効又は取上げの原因となった児童生徒性暴力等の内容等を踏まえ、当該特定免許状失効者等の改善更生の状況その他その後の事情により再び免許状を授与するのが適当であると認められる場合に限り、再び免許状を授与することができる（法第22条第1項）。

---

22 児童生徒性暴力等以外のわいせつ行為等によって免許状が失効又は取上げとなった者が再び免許状を受けて採用試験に臨むケースも考えられることから、官報に公告された過去40年間分の免許状失効情報を検索することができる「官報情報検索ツール」を国のデータベースと並行して活用することも重要である。

（再授与審査の基本的な考え方）

○　再授与審査の基本的な趣旨は、児童生徒性暴力等を行ったことにより懲戒免職等となった教員が、教壇に戻ってくるという事態はあってはならないということであり[24]、再授与の審査に当たって、授与権者においては、都道府県教育職員免許状再授与審査会（以下「再授与審査会」という。）の意見を踏まえ、加害行為の重大性、本人の更生度合い、被害者及びその関係者の心情等に照らして、総合的に判断することが求められる[25][26]。

○　法第４条の基本理念においては、教育職員等による児童生徒性暴力等の防止等に関する施策は、児童生徒等が安心して学習その他の活動に取り組むことができるよう、学校の内外を問わず教育職員等による児童生徒性暴力等を根絶することを旨として行われなければならない等とされていることを踏まえ、再授与を行うために

23　○教育職員等による児童生徒性暴力等の防止等に関する法律
　　（特定免許状失効者等に対する教育職員免許法の特例）
　　第22条　特定免許状失効者等（教育職員免許法第５条第１項各号のいずれかに該当する者を除く。）については、その免許状の失効又は取上げの原因となった児童生徒性暴力等の内容等を踏まえ、当該特定免許状失効者等の改善更生の状況その他その後の事情により再び免許状を授与するのが適当であると認められる場合に限り、再び免許状を授与することができる。
　　2　都道府県の教育委員会は、前項の規定により再び免許状を授与するに当たっては、あらかじめ、都道府県教育職員免許状再授与審査会の意見を聴かなければならない。
　　3　都道府県の教育委員会は、教育職員免許法第10条第２項（同法第11条第５項において準用する場合を含む。）の規定により特定免許状失効者等から失効した免許状の返納を受けることとなった都道府県の教育委員会その他の関係機関に対し、当該特定免許状失効者等に係る免許状の失効又は取上げの原因となった児童生徒性暴力等の内容等を調査するために必要な情報の提供を求めることができる。
24　○教育職員等による児童生徒性暴力等の防止等に関する法律案　趣旨説明（抄）
　　令和元年度には、大変残念ながら、121名の公立学校教員が児童生徒に対するわいせつ行為を理由として懲戒免職となりました。被害を受けた方々の心情に思いを致せば、このような教員が、教壇に戻ってくるという事態はあってはなりません。しかしながら、現行の教育職員免許法は、このような教員であっても、一定期間が経過すれば、形式的な確認で再免許を授与しなければならない仕組みとなっており、これを改めるとともに、教員による児童生徒に対する性暴力等の防止等を図るなどの必要があります。
25　○教育職員等による児童生徒性暴力等の防止等に関する法律案　趣旨説明（抄）
　　…この審査（注：特定免許状失効者等に対する教員免許状の再授与に係る審査）は、都道府県教育職員免許状再授与審査会の意見を聴いて、加害行為の重大性、本人の更生度合い、被害者及びその関係者の心情等に照らして総合的に判断されることとなり、その判断に必要な資料は申請者側が提出する必要があります。このような仕組みを通じて、適格性を有しない教員が再び教壇に立つことを防ぐものとなっております。

は、少なくとも児童生徒性暴力等を再び行わないことの高度の蓋然性が必要である。児童生徒性暴力等を再び行う蓋然性が少しでも認められる場合は基本的に再授与を行わないことが適当であり、授与権者は、このような考え方の下、自らの権限及び責任において、十分に慎重に判断する必要がある[27]。授与権者が特定免許状失効者等に対し故意又は過失によって違法に免許状を再授与してしまい、当該者が教壇に立ち児童生徒性暴力等を再び行ってしまった場合は、授与権者は損害賠償の責任を問われることもあり得るため留意が必要である。

○　その際、免許状の再授与が適当であることの証明責任は申請者自身にあり、特定免許状失効者等が免許状の再授与を希望する場合、当該申請者において申請の前提となる基礎的な情報を示す書類に加え、改しゅんの情が顕著であり、再び児童生徒性暴力等を行わないことの高度の蓋然性を証明し得る書類を授与権者に提出し、自身が免許状の再授与を受けることが適当であることを証明する必要がある[28]（審査における主な考慮要素と提出書類例は、別紙を参照）。

（再授与が不適当と考えられる例）

○　上記の再授与審査の基本的な考え方を踏まえると、例えば、以下のような者に対し免許状を再授与することは、基本的に不適当であると考えられる。

26　平成25年6月27日東京地方裁判所民事第2部判決（平成23年（行ウ）167号）において、処分行政庁が医師免許の再付与を拒否したことが裁量権の範囲の逸脱又は濫用にあたるかが争われたところ、当該判決文においては「医師法7条3項（注：現2項）は、処分行政庁において、再び免許を与えることが『適当であると認められる』に至ったときには、『再免許を与えることができる』と規定しており、同文言からして、処分行政庁に広範な裁量権を与えていることが明らかであるところ、処分行政庁は、医師の免許取消処分を受けた者に対する再免許の可否を決するに当たり、当該医師の医事に関する不正行為の種類、性質、違法性の程度、動機、目的、影響のほか、当該医師の性格、処分歴、反省の程度等、諸般の事情を考慮し、同項の規定の趣旨に照らして、再免許を付与するか否かを決定すべきものと解される。」と判示されている。

27　なお、仮に特定免許状失効者等が再び免許状を授与されたときも、免許状には授与の根拠規定（教育職員免許法第16条の2の2）が記載されることとなる。このため、任命権者等は、免許状に記載された当該授与の根拠規定も十分に踏まえつつ、適切な採用判断を行う必要がある。

28　授与権者の責務は、原則として、申請者の提出書類に記載された情報の範囲において再授与が適当であるかどうかの判断を行うことに留まり、必ずしも関係情報を独自に調査したり、申請者に対して聞き取り等を行ったりすることまで求められているものではない。なお、再免許を裁量的に拒否できる類似の立法例における運用においても、「再免許申請書に記載された事情を考慮した結果、再び免許を与えることが適当であると認められなかったため。」等の理由が提示されている。

- ・過去に行った児童生徒性暴力等に高い悪質性[29]が認められる者
- ・加害行為の再犯防止のために一定の条件を要する者[30]（例えば、医師による治療・服薬指導等を継続する場合に限り加害行為の再犯が見込まれない等）
- ・免許状の失効期間中を含め、長期間に渡り児童生徒等と接しない職業等において加害行為を犯さなかったとしても、教育職員等として復職することにより児童生徒等と接することが契機（トリガー）となって、再び児童生徒性暴力等を行う可能性が排除できない者
- ・過去、特定免許状失効者等となった後に免許状の再授与を拒否され、その時から審査内容に関して大きな状況変化がない者
- ・自己申告内容の重要な部分に明らかな虚偽が認められる者　　等

（留意事項）

○　申請者や授与権者が被害者及びその関係者に接し、当時の事案を再起させてしまうことで、被害者等が再び心情を害するなどの二次的被害につながることがないよう、再授与申請・審査に関する過程において、申請者や授与権者による被害者等への接触は原則として行わないよう配慮することが望ましい。

○　授与権者は、免許状の再授与を希望する特定免許状失効者等が、自身が特定免許状失効者等であることを悪意をもって隠ぺいして[31]又は認識せずに申請する可能性があることを踏まえ、新規学卒予定者等による申請の場合を除き、申請者から特定免許状失効者等であるとの自己申告がないときでも、原簿により当該申請者の過去の免許状失効事由を確認するなど、申請者が特定免許状失効者等に該当するか否かを確認するよう留意するものとする。

⑵　都道府県教育職員免許状再授与審査会[32]

29　悪質性を判断するための要素として、過去の裁判例等を踏まえると、例えば、加害行為の動機・内容・回数・期間・常習性、被害者の年齢・人数、教師という立場・信頼関係の利用（自校内・勤務時間内・担任・顧問等）、計画性、撮影行為、被害者に自責の念を抱かせる言動や秘密の共有・口止め・脅迫、犯行の重大性への認識・反省、被害当事者及び関係者の苦痛及び長期的影響や処罰感情、社会的影響等が考えられる。

30　平成25年6月27日東京地方裁判所判決（再掲）においても、原告に医師免許を再度付与した場合、原告が医師として行い得る医療行為に特段の制約が及ぶわけではないため、原告が医師免許の取消処分の事由となった臓器摘出等の手術に関与しないという条件をもって医師免許の再付与の妥当性が認められるものではない旨が判示されている。

31　偽りその他不正の手段により、免許状の授与を受けた者については、教育職員免許法第21条第2項により、1年以下の懲役又は50万円以下の罰金に処することが定められている。

○　都道府県教育委員会による特定免許状失効者等に対する免許状の再授与に関し、意見を述べる事務をつかさどらせるため、都道府県教育委員会に、再授与審査会を置く（法第23条第1項）。

○　再授与審査の公平・公正性や専門性を確保するため、再授与審査会は、児童生徒性暴力等に関する学識経験を有する者（医療、心理、福祉、法律の専門家等）で構成し、当該児童生徒性暴力等の事案と直接の人間関係又は特別の利害関係を有しない者（第三者）により議決を行うものとする。なお、第三者性の確保の観点から、教育委員会（当該都道府県以外の教育委員会に所属する場合を含む。）の職員は、再授与審査会の委員としては参画しないものとする。

加えて、再授与審査会において再授与が適当であるとの結論を得るに当たっては、出席委員全員から意見を聴いた上で、原則として、出席委員の全会一致をもって行うものとする[33]。

○　文部科学省は、再授与審査に関して全国で統一的な運用を図るとともに[34]、都道府県教育委員会における専門家の適切な確保に資するよう、職能団体等の協力も得ながら、専門家の候補者となる者の情報共有や専門家の共通理解を図る取組等、必要な支援を行う。なお、委員は他の都道府県教育委員会の再授与審査会で同様の業務を兼務すること（いわゆる掛け持ち）も可能である。

○　再授与審査会の公開については、個人情報を取り扱うこととなり、また、会議の

32　○教育職員等による児童生徒性暴力等の防止等に関する法律
　（都道府県教育職員免許状再授与審査会）
　第23条　前条第2項に規定する意見を述べる事務をつかさどらせるため、都道府県の教育委員会に、都道府県教育職員免許状再授与審査会を置く。
　2　都道府県教育職員免許状再授与審査会の組織及び運営に関し必要な事項は、文部科学省令で定める。
33　○教育職員等による児童生徒性暴力等の防止等に関する法律施行規則（令和4年文部科学省令第5号）
　第5条　（略）
　2　審査会の議事は、会議に出席した委員の過半数で決し、可否同数のときは、会長の決するところによる。
　3　前項の規定にかかわらず、審査会は、都道府県の教育委員会に対し、特定免許状失効者等について、再び免許状を授与するのが適当であると認められる旨の意見を述べるに当たっては、出席委員全員から意見を聴いた上で、原則として、出席委員の全員一致をもって行うよう努めなければならない。ただし、審査会において議論を尽くしても、出席委員全員の意見が一致しないときは、出席委員の過半数の同意を得た意見を審査会の意見とすることができる。

公正又は円滑な運営に支障が生じるおそれもあるため、基本的に非公開となること
が想定されるが、当該都道府県の関係条例等を踏まえ、適切に判断する。その際、
例えば、会議は非公開としつつ、事後的に議事要旨を公にすることも考えられ
る[35]。なお、再授与審査会の委員は、特別職の地方公務員（地方公務員法第3条第
3項第2号該当）の身分を有し、同法上の守秘義務等は課されないこととなるた
め、教育委員会規則等で守秘義務に関する規定を定める必要がある。

○　再授与審査会の職務等に関する必要な事項については、組織及び運営に関し必要
な事項を定める文部科学省令や基本指針等を踏まえつつ、各都道府県教育委員会の
教育委員会規則等により定める必要がある[36]。なお、具体的な委員の委嘱のタイミ
ング等については、地域の実情や申請状況等[37]も踏まえつつ、柔軟に対応するこ
とも可能である。

34　○教育職員等による児童生徒性暴力等の防止等に関する件（令和3年5月21日　衆議
　　院文部科学委員会）
　　十一　都道府県の教育委員会は、特定免許状失効者等に対する免許状の再授与に当たって
　　　は、専門家等の意見を聴き、審査が公正、公平に行われるよう留意するとともに、国は、
　　　審査に関して全国で統一的な運用がなされるよう、指針等の策定その他の支援を行うこ
　　　と。
　　○教育職員等による児童生徒性暴力等の防止等に関する法律案に対する附帯決議（令和3
　　　年5月27日　参議院文教科学委員会）
　　十二、都道府県の教育委員会は、特定免許状失効者等に対する免許状の再授与に当たって
　　　は、専門家等の意見を聴き、審査が公正、公平に行われるよう留意するとともに、国は、
　　　審査に関して全国で統一的な運用がなされるよう、指針等の策定その他の支援を行うこ
　　　と。
35　医師の再免許について審議する国の医道審議会医道分科会では、「元医師1名に対する
　　再免許付与について諮問がなされ、審議の結果、再免許が適当である旨の答申はなされて
　　いない。」等の議事要旨がウェブサイトに掲載されている。
36　法第23条が、教育委員会の附属機関である再授与審査会の設置及び職務の根拠規定（地
　　方自治法第138条の4第3項・第202条の3第1項における「法律…の定めるところによ
　　り」）となっている。
37　法施行後に行われた児童生徒性暴力等による特定免許状失効者等について適用するとの
　　再授与審査に関する経過措置（法附則第2条）及び当該申請に関する欠格期間（例：懲戒
　　免職の場合は3年）を踏まえると、再授与審査は定常的には令和7年度以降に見込まれる
　　こととなる。欠格期間は、形式的には最短で、禁錮以上の刑に付された執行猶予1年の場
　　合があり得るが、相当する事案は事実上確認されていない。

別紙

再授与審査における主な考慮要素及び提出書類例

○　再授与審査において、授与権者が考慮すべき主な要素や、申請者が自らの証明責任の下で提出することが想定される、①申請の前提となる基礎的な情報を示す書類に加え、②改しゅんの情が顕著であり、再び児童生徒性暴力等を行わないことの高度の蓋然性の証明に資する書類の例は、以下の表のとおり。なお、いずれの考慮要素も必ずしも独立して判断できるものではなく、他の要素との兼ね合いも踏まえつつ総合的に判断されることとなると考えられる点に留意が必要である。

	考慮すべき主な要素	提出書類例
①	・加害行為の悪質性（注1）	・免許状失効の原因となった児童生徒性暴力等の事実関係に関する自己申告書（注2） （懲戒免職の場合は処分事由説明書、免許状失効の原因となった児童生徒性暴力等に関する刑事又は民事裁判がある場合はその判決謄本等を含む。）
	・再授与審査の申請歴	・特定免許状失効者等となった後の再授与審査の申請歴に関する自己申告書 （他の都道府県教育委員会に申請中でないことの確認、過去の申請歴がある場合はその結果通知及びその後の状況変化を示す書類を含む。）
②	・社会的活動等の状況	・特定免許状失効者等となった後の職歴・社会的活動歴、再犯防止策に関する自己申告書（注3）
	・治療・更生等の程度	・複数の医師等による診断書・意見書 （診断名、治療内容（期間、服薬名等）、症状の安定性・治癒の見込み、業務への支障の程度、その他特記事項）（注4） ・更生プログラム等の受講等歴・評価書 ・申請者の現在の勤務先による勤務状況等証明書 ・申請者の復職を求める嘆願書
	・反省の程度（被害者等との関係性を含む。）	・申請者の反省文 ・被害者等に対する慰謝措置（謝罪、損害賠償等）や被害者等との示談等に関する自己申告書

（注1）悪質性を判断するための要素として、過去の裁判例等を踏まえると、例え

ば、加害行為の動機・内容・回数・期間・常習性、被害者の年齢・人数、教師という立場・信頼関係の利用（自校内・勤務時間内・担任・顧問等）、計画性、撮影行為、被害者に自責の念を抱かせる言動や秘密の共有・口止め・脅迫、犯行の重大性への認識・反省、被害当事者及び関係者の苦痛及び長期的影響や処罰感情、社会的影響等が考えられる。

（注2）申請者の申告書の審査に当たっては、免許状が失効・取上げとなった当時の免許管理者（都道府県教育委員会）等に対し、申請者の自己申告の内容が真正であることや、懲戒免職等の原因となった児童生徒性暴力等以外に判明している加害行為の有無の確認など、必要な情報を補完的に問い合わせることも可能であり、問合せを受けた関係機関は、法の趣旨を踏まえ、適切に対応することが求められている[38]。その際、実務上、当時の免許管理者ないし任命権者等に、書面による情報提供を求めることのほか、例えば、参考人として参加する協力を求めることも考えられる。児童生徒性暴力等により禁錮以上の刑に処された者については、必要に応じて、地方検察庁に対して刑事確定訴訟記録法に基づき、当時の事件記録について、保管記録の閲覧請求を行うことも考えられる。

（注3）申請者が仮に特定免許状失効者等となった後に児童生徒性暴力等を行っていないとしても、それだけでは、復職時に児童生徒等に接することが契機（トリガー）となり、再犯につながる可能性もあることに留意する必要がある。

（注4）申請者が必ずしもいわゆる小児性愛その他の精神疾患により児童生徒性暴力等を行ったとは限らない点にも留意が必要である。

別添（省略）

38　○教育職員等による児童生徒性暴力等の防止等に関する法律

　第22条　（略）

　　3　都道府県の教育委員会は、教育職員免許法第10条第2項（同法第11条第5項において準用する場合を含む。）の規定により特定免許状失効者等から失効した免許状の返納を受けることとなった都道府県の教育委員会その他の関係機関に対し、当該特定免許状失効者等に係る免許状の失効又は取上げの原因となった児童生徒性暴力等の内容等を調査するために必要な情報の提供を求めることができる。

● 教育公務員特例法及び教育職員免許法の一部を改正する法律等の施行について（通知）（抄）

（4文科教第444号令和4年6月21日）

第二　教育職員免許法の改正関係

1　教員免許更新制の発展的解消に関する留意事項

(1)　普通免許状及び特別免許状の取扱いについて

〈1〉　免許状の有効性について

a　施行の際現に有効な免許状については、休眠状態（旧免許状（平成21年3月31日以前に初めて免許状の授与を受けた者が保有する免許状をいう。以下同じ。）の所有者であって現職教員でない者が修了確認期限を超過したことにより当該免許状を用いることができない状態をいう。以下同じ。）のものも含め、何らの手続なく、引き続き教育職員になることのできる免許状として活用可能であること。

b　施行日前に既に失効している免許状については、手続なく有効になることはなく、申請書に授与権者（免許状の授与を行う都道府県教育委員会をいう。以下同じ。）が定める書類を添えて、授与権者に再度授与申請を行う必要があること。

c　免許状を有する者に対し、当該免許状の授与権者以外の授与権者が別の免許状を授与した際に、最初に授与された免許状に係る有効期間又は修了確認期限の延期・延長について当該免許状の授与権者の原簿に反映されていない場合も想定されることから、授与権者においては、施行日前に授与された免許状の書換え・再交付・領域追加の手続に当たり、当該手続の申請者が有する免許状が失効しているにもかかわらず有効なものと誤認したり、有効であるにもかかわらず失効していると誤認したりすることのないよう、申請者が有する全ての免許状の有効性を確実に確認した上で手続を行うこと。

d　授与権者及び免許管理者（免許状を有する者が教育職員及び文部科学省令で定める教育の職にある者である場合にあってはその者の勤務地の都道府県の教育委員会、これらの者以外の者である場合にあってはその者の住所地の都道府県の教育委員会をいう。以下同じ。）においては、現職教員又は採用希望者が有する免許状が有効なものであるか、任命権者又は雇用者、現職教員又は採用希望者が適切に理解することができるよう、都道府県のホームページへの資料掲載や各学校等への周知文書の配布、各種会議等の機会を捉えての説明、広報誌等の様々なメディアを通じた広報など、幅広い周知に配慮されたいこと。

e　任命権者及び雇用者においては、免許管理者との連絡を密にし、任命又は雇用しようとする者が有する免許状の有効性について適切に確認すること。例えば、既に施行日前に失効している旧免許状について、有効期間の定めがないことから

当該免許状が有効であると誤認したり、施行の際休眠状態であった旧免許状や、施行日以後に有効期間の満了の日を経過した新免許状（平成21年4月1日以降に初めて免許状の授与を受けた者が保有する免許状をいう。以下同じ。）について、失効した免許状と誤認したりすることのないよう十分注意すること。

その際、免許状又は授与証明書並びに有効期間又は修了確認期限を証明する証明書類（更新講習修了確認証明書、修了確認期限延期証明書、有効期間更新証明書、有効期間延長証明書等）の確認に加えて、文部科学省が提供している「官報情報検索ツール」を適切に活用すること等により、当該免許状が懲戒免職や禁錮以上の刑に処せられたことなどの事由により失効したものでないことを確実に確認するようにすること。

〈2〉　免許状等の様式について

a　施行の際現に有効な新免許状については、有効期間の満了の日が記載された様式についても引き続き有効な免許状として活用できること。有効期間の満了の日の記載がない免許状への書換えについては、免許法第15条に基づく書換え又は再交付の事由に該当しないため、対応の必要はないこと。（免許法第15条関係）

b　授与権者の判断の下、授与証明書等の様式を定めるに当たっては、実務上の参考情報として改正前の免許法に基づく有効期間の満了の日又は修了確認期限を記載することを妨げるものではないが、その際には、「教育公務員特例法及び教育職員免許法の一部を改正する法律（令和4年法律第40号）による改正前の法令に基づくもの」と記載し、改正前の法令に基づく表記であることを明示すること。

また、失効している免許状に関する授与証明書が、有効な免許状の証明として採用手続に使用されることがないよう、授与証明書の発行に当たって、当該免許状の有効・失効の状態を確認した上で、原則として有効な免許状の場合に限り発行することとし、失効している免許状の授与証明書を発行する場合には、授与証明書に「失効」と明示すること。

〈3〉　免許状の返納について

a　旧免許状のうち既に施行日前に失効しているものについて、これらの免許状を有効であると誤認して教員として採用されることのないよう、返納されていない免許状があれば免許管理者において引き続き本人に返納を求めるとともに、任命権者及び雇用者に対して注意喚起すること。（改正法附則第12条関係）

　b　更新講習の未受講により免許状を失効した者が再度授与の申請を行った場合において、申請者が返納義務のある免許状を所持している場合は、免許管理者において失効の処理を行い、当該免許状を回収の上、授与権者において新たに免許状を授与すること（再授与については(2)参照）。

(2)　更新制により失効となった免許状の再授与について

〈1〉　再授与の基本的な考え方について

　a　免許法別表第1、別表第2又は別表第2の2に基づき授与された免許状が未更新（期限切れ）により失効している場合にあっては、過去の免許法等に基づき所要資格を満たした者は、現行の免許法等に基づく所要資格を満たしたものとみなす経過措置が置かれていることから、授与権者において過去に免許状を授与した事実に基づき再授与することは可能であること。

　b　免許法別表第3から別表第8まで等に基づく教育職員検定により授与された免許状が未更新（期限切れ）により失効している者に対し、免許状の再授与を行う場合にあっては、授与時点の免許法等に定める所要資格の確認が必要となることから、授与権者において教育職員検定を再度実施する必要があること。

　c　免許状の未更新（期限切れ）を事由として免許状が失効した者であって、再度同じ種類の免許状が授与されたものについて、免許法別表第3、別表第5から別表第8まで等により当該免許状を基礎免許状として教育職員検定を行う場合にあっては、教育職員検定に用いる在職年数及び必要単位数には、最初に授与された免許状の授与後の在職年数及び取得単位も含めることができることとすること。なお、免許状の未更新（期限切れ）以外を事由として免許状が失効した場合（懲戒免職による失効等）にあっては、当該在職年数及び取得単位を含めることはできないこと。

　d　教員資格認定試験により授与された免許状が未更新（期限切れ）により失効した者より再授与の申請があった場合、授与権者においては過去教員資格認定試験に合格した事実（合格証書）の確認をもって免許状の再授与を行うこと。（免許法第16条関係）

　e　教育職員免許法等の一部を改正する法律（平成12年法律第29号）附則第2項及び附則第3項においては、平成12年7月1日時点で特定の教科の高等学校教諭免許状を有する者であって、情報又は福祉の教科に関する講習を修了したものに情報又は福祉の高等学校教諭免許状を授与できることとされているところ、当

該者の免許状が失効した場合にあっては同法附則第2項及び附則第3項の適用対象外となることから、当該規定に基づく情報又は福祉の高等学校教諭免許状の再授与はできないこと。

f　特別免許状が未更新（期限切れ）により失効している者に対し、特別免許状の再授与を行う場合にあっては、任命権者又は雇用者の再度の推薦に基づき、授与権者において教育職員検定を再び実施する必要があること。

〈2〉　申請書類の簡素化について

a　免許状の未更新（期限切れ）を事由として失効となった普通免許状について再授与の申請があった際、授与権者は、当該免許状の原本又は写し、授与証明書、公的身分証明書等と、授与権者が保有する原簿や教員免許管理システムの情報とを突合すること等により、過去に申請者に対して免許状を授与した事実を確実に確認できる場合には、一部の書類の添付を省略する等、円滑な再授与手続に努めていただきたいこと。

b　具体的には、免許法別表第1、別表第2又は別表第2の2に基づき再授与をする場合、過去に免許状を授与された事実を確認できる場合には、学力に関する証明書、卒業・修了証明書、介護等体験に関する証明書、実務に関する証明書（勤務経験により教育実習の単位を他の単位に振り替える場合）は省略可能と考えられること。

c　免許状の未更新（期限切れ）を事由として失効となった普通免許状について、免許法別表第3から別表第8まで等に基づく教育職員検定により再授与をする場合、原則、授与時点の免許法等に定める必要単位の証明が必要となることから、学力に関する証明書は省略できないものと考えられること。加えて、人物に関する証明書及び身体に関する証明書についても、当時の授与時点から状況変化が生じている可能性があることから、省略できないものと考えられること。一方、実務に関する証明書については、基礎免許状が未更新（期限切れ）を事由として失効した場合であっても、当該免許状が再授与されている場合は、教育職員検定における最低在職年数に最初に授与された免許状の授与後の在職年数も含めることができることから（〈1〉c参照）、省略可能と考えられること。

〈3〉　申請窓口について

a　免許状の未更新（期限切れ）を事由として失効となった普通免許状について、申請書類の簡素化に当たっては、授与権者が有する原簿情報が必要となること

や、教育職員検定による授与の場合は都道府県によって基準が異なることから、申請書類の簡素化は、原則として失効した免許状を授与した授与権者に申請があった場合に限られることとし、当該授与権者においては、他都道府県に住居地のある者であったとしても申請書類の簡素化による再授与の申請を受け付けること。この場合、免許状の授与申請の受付や免許状の交付を郵送やオンラインで対応する等、申請者の負担軽減に配慮願いたいこと。

b　失効した免許状を授与した授与権者以外の授与権者においては、失効した免許状の原簿情報を有しないことから、必ずしも申請書類を簡素化する必要はないものの、再授与の申請は受け付けること。なお、当該授与権者において再授与手続の簡素化を行う場合は、教育職員検定による授与の場合は都道府県によって基準が異なる点に留意するとともに、他の授与権者が保有する原簿情報を取り寄せる場合においては、各都道府県の個人情報保護に関する条例（令和5年4月1日以降にあってはデジタル社会の形成を図るための関係法律の整備に関する法律（令和3年法律第37号）による改正後の個人情報保護法）に則り、個人情報の適正な取扱いに留意すること。

〈4〉　その他の事項

a　授与権者において、免許法別表1等により授与された免許状及び当該免許状を基礎免許状として別表第3から別表第8まで等に基づく教育職員検定により授与された免許状の両方が未更新（期限切れ）を事由として失効した者に対し、それぞれの免許状を再授与する場合にあっては、同時に授与申請を受け付けることも可能であること。このとき、前者の免許状の授与後に、当該免許状を基礎免許状として後者の免許状を授与したものと整理した上で、同時に免許状の交付を行うことも差し支えないこと。

b　未更新（期限切れ）を事由として普通免許状が失効した者が、当該免許状と同じ学校種・教科の臨時免許状の授与を受けて教員として勤務している場合は、臨時免許状は普通免許状を有する者を採用できない場合に限り授与するとの趣旨に鑑み、任命権者又は雇用者は、当該教員に対し、失効した普通免許状の再授与手続きを行うよう促すことが望ましいこと。（免許法第5条第5項関係）

c　幼保連携型認定こども園において保育教諭等として勤務する場合は、幼稚園教諭免許状と保育士資格の両方の免許・資格を有することを原則とするところ、令和6年度末までは、幼稚園教諭免許状又は保育士資格のいずれかを有していれ

ば、保育教諭等となることができる特例が適用されている。このため、幼稚園教諭免許状と保育士資格の両方の免許・資格を有し、幼保連携型認定こども園において保育教諭等として勤務する者が、当該免許状が未更新（期限切れ）により失効した場合であっても、免許状の再授与を受けることなく保育士資格に基づき引き続き勤務していることが想定されるところ、保育教諭等の任命権者又は雇用者においては、当該保育教諭等に対し、令和6年度末までに幼稚園教諭免許状の再授与を受ける必要があることを遺漏なく周知すること。（就学前の子どもに関する教育、保育等の総合的な提供の推進に関する法律の一部を改正する法律（平成24年法律第66号）附則第5条関係）

d　授与権者は、平成21年3月31日までに授与された旧免許状所有者のうち、未更新のまま修了確認期限を超過した者から当該免許状の再授与の申請があった場合には、再授与に当たり、失効・休眠の別を判定する必要があるため、修了確認期限を超過した時点で現職教員であったかどうか確認すること。その際、職務経歴書のみならず、修了確認期限当時の免許管理者へ照会を行うことや、申請者から在籍証明書を提出させることなどにより、確実に把握すること。

● 初任者研修の弾力的実施について（通知）（抄）

（30文科初第493号平成30年6月26日）

若手教員の時期は、学び続ける教員としての基礎を培う重要な時期であり、その時期に法定研修として実施されている教育公務員特例法（昭和24年法律第1号）第23条に基づく初任者研修は、その制度創設以来、各任命権者等の御尽力により、初任者研修を受ける公立の小学校等の教諭等（以下「初任者」という。）の資質能力の向上に関して有効に機能してきたところです。

こうした中で、教職生涯を通じた教員の資質能力の向上という観点からは、教育公務員特例法等の一部を改正する法律（平成28年法律第87号）の施行に伴い、任命権者が校長及び教員としての資質の向上に関する指標を定めるとともに、研修を体系的かつ効果的に実施するための教員研修計画を定めることとされたところであり、このことを受け、各地域においては、初任者研修をはじめとした若手教員に対する研修の充実が図られることが期待されています。

また、国においては、義務教育諸学校等の体制の充実及び運営の改善を図るための

公立義務教育諸学校の学級編制及び教職員定数の標準に関する法律等の一部を改正する法律（平成29年法律第5号）の施行に伴い、初任者研修に係る教員定数の基礎定数化を図り、初任者に対する指導体制が安定的に整えられるよう努めているところです。

　近年、各地域においては、別紙のようなベテランの教員やミドルリーダークラスの教員がメンターとして若手教員の指導や助言を行ったり、授業研究等を行ったりしながらチーム内で学び合う中で若手教員を育成するいわゆるメンター方式による校内研修といった工夫も見られるところです。また、多くの地域においては、若手教員の育成の強化を図るため、初任者研修のみで若手教員の研修を終えるのではなく、2年目研修や3年目研修を実施するなど若手教員のための研修を継続して実施する取組が行われてきています。

　また一方、初任者の側については、以前より臨時的に任用された講師等としての教職経験を積んだ後に採用される者がおり、また、その教職経験も人により様々であること、近年ではほぼ全都道府県に設置された教職大学院を修了して採用される者も増えていることのほか、一部の地域においては、教員志望の学生を対象にして、初任者の円滑な入職や必要最低限の実践力獲得のためにいわゆる「教師養成塾」が行われているなど、初任者の教職に関わる背景事情が多様化してきています。

　初任者研修の実施に関しては、「これからの学校教育を担う教員の資質能力の向上について（答申）」（平成27年12月中央教育審議会）において、「初任者研修の弾力的な運用を可能にするよう現在の初任者研修の運用方針を見直すことが必要である」旨の提言がなされているところであり、以上のような状況を踏まえ、初任者研修の実施に当たっては、入職前、入職後を通して組織的かつ継続的に若手教員の育成が図られるよう、下記のことに留意し、必要な改善を図っていただくようお願いします。

　各都道府県教育委員会におかれては、域内の市町村教育委員会に対して本件の周知をお願いします。

記

1　校内研修の実施時間及び校外研修の実施日数の弾力的設定

　　初任者研修における研修時間・日数の目安としては、従前、文部科学省より、校内研修については週10時間以上、年間300時間以上、校外研修については年間25日間以上等を都道府県教育委員会等に対して会議等で周知してきたところである。

　　このことについて、各地域における初任者研修を含めた若手教員に対する研修全

体の実施状況等を踏まえ、初任者研修の校内研修の実施時間及び校外研修の実施日数を弾力的に設定することが考えられること。

2　教職大学院修了者等に対する個別的対応

(1)　教職大学院修了者について、当該教職大学院における学修の成果を踏まえ、初任者研修の実施に当たり、一般の初任者が受ける内容の一部を実施しない、又は一般の初任者が受ける内容よりも高度な研修を実施するなどの対応が考えられること。

(2)　採用前に臨時的に任用された講師等としての勤務経験を有する者について、当該講師等としての勤務期間において受けた研修等の成果を踏まえ、初任者研修の実施に当たり、一般の初任者が受ける内容の一部を実施しないなどの対応が考えられること。このことに関連して、必要に応じ、臨時的に任用された講師等に対する研修の充実についても併せて検討していただきたいこと。

(3)　いわゆる「教師養成塾」など、採用前の者に対して計画的に行われる、教員としての資質能力の向上を図るための取組における学びの成果を踏まえ、当該学びを行った者について、初任者研修の実施に当たり、一般の初任者が受ける内容の一部を実施しないなどの対応が考えられること。その際、上記のような入職前の学びへの参加は当然に受講者の任意によるべきものであり、義務的なものと受け取られることのないよう留意すること。

3　校内研修における指導に係る教員定数の効果的活用と体制の工夫

　義務教育諸学校における初任者に対する校内研修の指導体制については、従前、地域に初任者研修の拠点校を設け、その学校に初任者指導教員を配置し、当該教員が拠点校を含む地域の複数の学校に分散して配置されている初任者の指導に当たる「拠点校方式」を前提として教員定数の加配措置を行ってきたところである。

　初任者研修に係る教員定数の基礎定数化（2026年度までに漸次実施）については、「義務教育諸学校等の体制の充実及び運営の改善を図るための公立義務教育諸学校の学級編制及び教職員定数の標準に関する法律等の一部を改正する法律等の施行について（通知）」（平成29年3月31日付け28文科初第1854号）において留意事項等を示してきたところであるが、この基礎定数については、拠点校方式による初任者のみを対象とした指導に係る活用に加え、例えば、前述のようなチーム内で学びあう中で初任者等の若手教員を育成するいわゆるメンター方式における研修コーディネーターとしての活用等も可能であること。このことも踏まえ、それぞれ

の地域の実情に応じ、初任者を効果的に育成するための体制を工夫していただきたいこと。

● **学校における働き方改革の推進に向けた夏季等の長期休業期間における学校の業務の適正化等について（通知）（抄）**

（元文科初第 393 号令和元年 6 月 28 日）

2．夏季等の長期休業期間における業務について

（1）研修について

① 教師の研修については、教育公務員特例法第 22 条の 3 第 1 項に規定する校長及び教員としての資質の向上に関する指標及び第 22 条の 4 第 1 項に規定する教員研修計画の策定に際して、単に教員等が受講する研修の絶対量のみが増加し、教員等の多忙化に拍車をかけるようなことにならないよう、教員等の資質の向上に資する効果的・効率的な研修が体系的に整備されるよう配慮するとともに、研修の効率的な実施に当たって配慮すべき事項を教員研修計画に掲げること。

　　また、都道府県と市町村の教育委員会間等で重複した内容の研修の整理等、夏季等の長期休業期間中の業務としての研修の精選を行うとともに、研修報告書等についても、過度な負担とならないよう研修内容に応じて簡素化を図ること。加えて、実施時期の調整やＩＣＴを活用したオンライン研修の実施などの工夫をすることにより、教師がまとまった休暇を取りやすい環境にも配慮すること。その際、免許状更新講習の科目と中堅教諭等資質向上研修をはじめとする現職研修の科目の整理・合理化や相互認定の促進を図ることも、教員の負担の軽減に効果的であること。

② 初任者研修については、その実施時間や日数について、従前、文部科学省より、目安として校内研修については週 10 時間以上、年間 300 時間以上、校外研修については年間 25 日以上等と都道府県教育委員会等に対して会議等で周知してきたところである。このことについては、各地域における初任者研修を含めた若手教師に対する研修全体の実施状況等を踏まえた上で、必ずしもこの目安どおりに実施する必要はないこと。また、教師が確実に休日を確保できるようにする観点からも、夏季等の長期休業期間における初任者研修の実施時間及び日数を弾力的に設定すること。

③　中堅教諭等資質向上研修については、教育公務員特例法の改正により、平成29年4月1日より導入されたものである。当該改正前の10年経験者研修については、「教育公務員特例法の一部を改正する法律等の公布について（通知）」（平成14年8月8日付け14文科初第575号文部科学事務次官通知）において、その実施時間や日数について、「夏季・冬季の長期休業期間等に、20日程度、教育センター等において研修を実施すること」としていたところであるものの、当該改正後は、夏季等の長期休業期間の中堅教諭等資質向上研修について、そのような日数の目安は示していないところであり、各任命権者において教員等のニーズに応じたものとなるよう、各々の実情に応じて、教師が確実に休日を確保できるようにする観点からも、実施時間及び日数を弾力的に設定すること。

④　これらの研修については、実施すること自体が目的ではなく、「教育公務員は、その職責を遂行するために、絶えず研究と修養に努めなければならない」との教育公務員特例法第21条第1項の規定を踏まえ、教師の専門職としての専門性を高めることが目的であること。そのため、どのような専門性を高めるのかを明確にしつつ、ＩＣＴの活用等により、そのために最も適切で効果的な研修を実施し、またその成果を把握しながら、教師や子供たちにとって重要な資源である時間が最も有効に活用されるとともに、教師が自信と誇りを持って職務に当たることができるよう、効果的で質の高い研修とするように努める必要があること。

3．教育公務員特例法第22条第2項に基づく研修について

　もとより、教育行政においては、今回廃止した平成14年初等中等教育企画課長通知でも示していたとおり、その透明性を高め、公教育に対する地域住民や保護者の方々の信頼を確保することが重要である。長期休業期間中においては、教師の専門職としての専門性を向上させる機会を確保するとともに、教師の勤務状況について、地域住民や保護者等の疑念を抱かれないよう、改めて以下の点にも留意しつつ、勤務管理の適正を徹底すること。

①　教育公務員特例法第22条第2項に基づく研修（以下、「職専免研修」という。）については、勤務時間中に職務専念義務が免除されるものであり、給与上も有給の扱いとされていることなどを踏まえ、地域住民等から見ても研修としてふさわしい内容・意義を有することはもとより、真に教師の資質向上に資するものとなるよう、事前の研修計画書や研修後の報告書の提出等により、研修内容の把握・確認を徹底すること。なお、計画書や報告書の様式等については、保護者や地域

　　住民等の理解を十分得られるものとなるよう努めること。

②　職専免研修は、職務に専念する義務の特例として設けられているものであるが、当然のことながら、教師に「権利」を付与するものではなく、職専免研修を承認するか否かは、所属長たる校長が、その権限と責任において、適切に判断して行うものであること。

③　職専免研修の承認を行うに当たっては、当然のことながら、自宅での休養や自己の用務等の研修の実態を伴わないものはもとより、職務とは全く関係のないようなものや職務への反映が認められないもの等、その内容・実施態様からして不適当と考えられるものについて承認を与えるのは適当ではないこと。

④　職専免研修を特に自宅で行う場合には、保護者や地域住民等の誤解を招くことのないよう、研修の内容の把握・確認を徹底することはもとより、自宅で研修を行う必要性の有無等について適正に判断すること。

⑤　なお、職専免研修について「自宅研修」との名称を用いている場合には、職専免研修が、あたかも自宅で行うことを通例や原則とするかのような誤解が生じないよう、その名称を「承認研修」等に見直すこと。

●研修履歴を活用した対話に基づく受講奨励に関するガイドライン

令和4年8月
文部科学省

はじめに

○　教育公務員特例法及び教育職員免許法の一部を改正する法律（令和4年法律第40号）により、教育委員会による教師の研修履歴の記録の作成と当該履歴を活用した資質向上に関する指導助言等の仕組みが、令和5年4月1日から施行されることとなった。他方、中央教育審議会「令和の日本型学校教育」を担う教師の在り方特別部会で取りまとめられた「『令和の日本型学校教育』を担う新たな教師の学びの実現に向けて　審議まとめ」（令和3年11月15日）（以下「審議まとめ」という。）においては、新たな教師の学びが求められており、この仕組みを含む新たな教師の学びを早期に実現していく観点からは、令和5年4月1日の施行を待つことなく、可能なことから着手し、できる限り速やかに今回の制度改正の趣旨を実現する取組がなされることが望ましい。

○　このため、教育委員会における事務の適切な執行に資するよう、本制度改正に関する基本的考え方を示した教育公務員特例法第22条の2第1項の指針に基づき、その具体的な内容や手続等の運用について、ガイドラインを定めるものである。本ガイドラインでは、基本的に、教育委員会の所管に属する学校の教師を対象とした、研修履歴を活用して行う、教育公務員特例法第22条の6第2項に規定する資質の向上に関する指導助言等（以下「対話に基づく受講奨励」という。）の考え方を記載するが、幼保連携型認定こども園の教師については、「教育委員会」を「地方公共団体の長」として読み替える。

○　なお、本ガイドラインにおいては、広く教師の資質向上のための取組を「研修等」とし、また、このような資質向上のための取組の記録を「研修履歴」と表記する。

第1章　「令和の日本型学校教育」を担う新たな教師の学びの姿の実現

1．背景及び趣旨

○　審議まとめにおいて、「主体的な教師の学び」、「個別最適な教師の学び」、「協働的な教師の学び」といった「新たな教師の学びの姿」が示された。この中では、国公私立を問わず、学校管理職等と教師との積極的な対話に基づく、一人一人の教師に応じた研修等の奨励などを通じた教師の資質向上のための環境づくりの重要性が指摘されている。

教育公務員である公立学校の教師については、平成28年の教育公務員特例法の改正による、同法第22条の3の指標（以下単に「指標」という。）や教員研修計画に基づく体系的な研修の全国的な整備が進められてきたが、より確実に学びの契機と機会が提供されるよう、今般、教育委員会における教師の研修履歴の記録の作成と当該履歴を活用した資質向上に関する指導助言等の仕組みが導入されたものである。

2．新たな教師の学びの姿の実現のための研修推進体制

○　新たな教師の学びの姿を実現していくに当たっては、国、都道府県教育委員会、市町村教育委員会等が連携協力しつつ、それぞれの役割を果たしていくことが極めて重要である。その際、独立行政法人教職員支援機構が、各教育委員会はもとより、大学・教職大学院、民間企業等の多様な主体とのネットワークを構築しながら、教師の資質向上に関する全国的なハブ機能を発揮していくことが重要である。

○　研修履歴を活用した対話に基づく受講奨励に関して、国は、研修履歴を記録する全国的な情報システムの構築に向け、研修履歴を記録・活用する任命権者である教育委員会と十分な協議を行いながら、必要な機能等について調査研究を進める。その際、当該システムの運用に参画することが想定される独立行政法人教職員支援機構とも連携しつつ、教育委員会や大学・教職大学院、民間等が提供する研修コンテンツを一元的に収集・整理・提供する機能を備えたプラットフォームとの一体的構築についても検討を進める。

(1)　任命権者による研修推進体制の整備

○　任命権者である教育委員会においては、その任命に係る教師の包括的な人材育成の責任主体として、教員研修計画に基づき、体系的・計画的で持続的な資質向上の推進体制を整備することが求められる。その際、オンラインの活用も考慮しつつ、研修内容の重点化や精選なども含め、効果的・効率的な研修実施体制を整えることが重要である。

○　また、研修の中核的組織である教育センターが、服務監督権者である教育委員会や大学・教職大学院等とも連携しつつ、多様な研修プログラムを展開することが期待される。さらに、教師の個別最適な学びのため、これらの研修プログラムの情報を分かりやすく可視化し、必要な情報提供を行うなど、域内の各教育委員会や学校にとってのセンター的機能を発揮することが求められる。

(2)　服務監督権者や学校における研修推進体制の整備

○　服務監督権者である教育委員会においては、所管する学校の教師に対し、都道府県教育委員会をはじめ、大学・教職大学院等とも連携しつつ、地域の特色や実情を踏まえた研修を自ら企画・実施することや、研修主事などの校内における研修の中核的な役割を担う分掌の設置を含む校務分掌に係る規定の整備などにより、教師の質向上に向けた支援体制を整えることが重要である。

○　また、服務監督権者である教育委員会が主体性を持って、研修講師のネットワークの構築などを通じた各学校への情報提供、各学校の校内研修の取組状況の把握と好事例の横展開を行うなど、学校横断的な支援に取り組むことが期待される。

○　加えて、校内における教師同士の学び合いやチームとしての研修の推進は、教師の「主体的・対話的で深い学び」にも資することから、校長のリーダーシップの下での、全校的な学び合い文化の醸成や、そのための協働的な職場環境づくりが期待される。また、校内全ての教師の専門性を生かして、真に全校的な学び合い文化を

醸成するためには、教諭等とは異なる専門性を有する養護教諭や栄養教諭等も含め、一丸となってこのような校内文化を作っていく必要がある。その際、研修履歴を活用した対話に基づく受講奨励そのものではないが、日常的に指導助言や支援を行う立場にある主幹教諭などのミドルリーダーや研修に関して中核的な役割を担う教師、メンター等の協力を得つつ、校内の研修推進体制を整えることが、対話に基づく受講奨励の実効性を高めることにも寄与すると考えられる。

○　教師同士の学び合いは、校内だけでなく、学校を越えて行うことも考えられる。校内の同僚教師だけでなく、同一校種の他の学校の教師、別の学校種の教師など日常的に接する機会が少ない教師との協働的な学びは、対話を通じて、他の教師の教育実践を傾聴したり、自らの教育実践を振り返ったりすることで、自らの経験を再構成することにつながり、専門職としての教師の成長がより深化していく。さらに、教育委員会の指導主事、大学教員、民間企業等の専門家などの同じ職種ではない別の立場の者からの指導助言や意見などを含む対話も、多様な他者との対話から得られる学びとして、教師の職能成長の促進に寄与することから、校長等の学校管理職や研修に関して中核的な役割を担う教師は、校内研修と関連させながら、このような学校外部の者を交えた学びの機会を調整していくことが期待される。

第2章　研修履歴を活用した対話に基づく受講奨励に関する基本的考え方

1．基本的考え方

○　研修履歴の記録は、指標や教員研修計画を踏まえて行う教育公務員特例法第22条の6の規定による対話に基づく受講奨励において活用されることが基本である。その中で各教師が学びの成果を振り返ったり、自らの成長実感を得たりすることが一層可能になると考えられる。また、これまで受けてきた研修履歴が可視化されることにより、無意識のうちに蓄積されてきた自らの学びを客観視した上で、さらに伸ばしていきたい分野・領域や新たに能力開発をしたい分野・領域を見出すことができ、主体的・自律的な目標設定やこれに基づくキャリア形成につながることが期待される。

○　対話に基づく受講奨励は、教師と学校管理職とが対話を繰り返す中で、教師が自らの研修ニーズと、自分の強みや弱み、今後伸ばすべき力や学校で果たすべき役割などを踏まえながら、必要な学びを主体的に行っていくことが基本である。「新たな教師の学びの姿」が、変化の激しい時代にあって、教師が探究心を持ちつつ、自

律的に学ぶこと、主体的に学びをマネジメントしていくことが前提であることを踏まえ、対話に基づく受講奨励は、教師の意欲・主体性と調和したものとなるよう、当該教師の意向を十分にくみ取って行うことが望まれる。

○ 研修履歴を活用して対話に基づく受講奨励を行うことにより、

・教師が今後どの分野の学びを深めるべきか、

・学校で果たすべき役割に応じてどのような学びが必要か、

等について、学校管理職による効果的な指導助言等が可能となるとともに、個々の教師の強みや専門性を把握した上で校務分掌を決定するなど効果的な学校運営を行うことも可能になると考えられる。

2．教員研修計画への位置付け

○ 教育公務員特例法第22条の4第2項においては、任命権者が策定する教員研修計画に、「（教育公務員特例法）第22条の6第2項に規定する資質の向上に関する指導助言等の方法に関して必要な事項」を定めることとされているが、概ね次のような事項を定めることが考えられる。

(1) 対象となる教師の範囲

(2) 研修履歴の記録の目的

(3) 研修履歴の記録の範囲

(4) 研修履歴の記録の内容

(5) 研修履歴の記録の方法

(6) 研修履歴の記録の時期

(7) 研修履歴の記録の閲覧・提供

(8) 対話に基づく受講奨励の方法・時期

(9) 学校内で行う研修履歴の記録と学校管理職以外の教師による対話に基づく受講奨励

○ なお、県費負担教職員については、市町村教育委員会が、都道府県教育委員会が定める指標や教員研修計画を踏まえつつ、研修履歴を活用して、対話に基づく受講奨励を行うことになる。このため、都道府県教育委員会は、都道府県立学校の教師の場合における対話に基づく受講奨励の例を踏まえつつ、市町村教育委員会が行う県費負担教職員に係る対話に基づく受講奨励の内容・方法等に関する基本的な事項（例えば、教育委員会と学校管理職等との役割分担など）について、教員研修計画に定める必要がある。

3．研修履歴を活用した対話に基づく受講奨励の内容・方法等

(1)　対象となる教師の範囲

（法律上の対象範囲）

○　教育公務員特例法第 22 条の 5 の規定による研修履歴の記録及び同法第 22 条の 6 の規定による対話に基づく受講奨励の対象となる「公立の小学校等の校長及び教員」の範囲は以下のとおりである。

①　「公立の小学校等」とは、公立の小学校、中学校、義務教育学校、高等学校、中等教育学校、特別支援学校、幼稚園及び幼保連携型認定こども園である。

②　「校長及び教員」とは、校長（園長を含む。）、副校長（副園長を含む。）、教頭、主幹教諭（幼保連携型認定こども園の主幹養護教諭及び主幹栄養教諭を含む。）、指導教諭、教諭、助教諭、養護教諭、養護助教諭、栄養教諭、主幹保育教諭、指導保育教諭、保育教諭、助保育教諭及び講師（教育公務員特例法施行令（昭和 24 年政令第 6 号）第 2 条に規定する臨時的に任用された者等を除く。）である。

（臨時的任用教員等の扱い）

○　臨時的任用教員等は、法律に基づく研修履歴の記録及び対話に基づく受講奨励の対象ではないが、臨時的任用教員等も教育公務員特例法第 21 条第 2 項の規定により、その職責を遂行するために、絶えず研究と修養に努めなければならないことに変わりないことから、後述するように、例えば人事評価の期首・期末面談の場を活用して正規の教師と同様に、研修履歴を活用した対話に基づく受講奨励の対象とすることが考えられる。

○　他方で、臨時的任用教員等は、基本的に任期を定めて任用されるものであり、複数年継続して同一学校の教師として任用される場合も任期ごとの新たな任用と整理されることから、経年の研修履歴の記録を作成し、保存・管理していくことになじみにくいことも考えられる。このため、例えば、必ずしも研修履歴を活用することを前提とせずに、学校管理職等又はそれ以外の教師により、対話に基づく受講奨励を行うことなども考えられる。

(2)　研修履歴の記録の目的

（基本的考え方）

○　教育公務員特例法第 22 条の 5 の規定に基づく研修履歴の記録は、同法第 22 条の 6 の規定に基づく対話に基づく受講奨励の際に当該記録を活用することにより、教師が自らの学びを振り返るとともに、学校管理職等が研修の奨励を含む適切な指導

　助言を行うことにより、効果的かつ主体的な資質向上・能力開発に資することを目的としている。

○　このため、研修の効果的・効率的な実施から離れて、記録すること自体が目的化することがあってはならない。どの研修等について記録するか、しないかという分類の議論や、記録対象とする研修等及びその記録内容に関する基準を精緻に設定することに過度に焦点化することなく、記録の簡素化を図るよう留意する必要がある。

(個人情報の適正な取扱いの観点からの利用目的の明確化)

○　研修履歴の記録は、その対象となる教師に係る個人情報に該当するものであり、個人情報の保護に関する法令や条例・規則等に基づき適正に取り扱う必要がある。この点、デジタル社会の形成を図るための関係法律の整備に関する法律(令和3年法律第37号)によって個人情報の保護に関する法律(平成15年法律第57号)の改正が行われており、令和5年4月1日以降、同法の規定が地方公共団体の機関にも直接適用されることとなる。同法においては、個人情報の保有に当たって、法令(条例を含む。)の定める所掌事務又は業務を遂行するため必要な場合に限り、かつ、その利用目的をできる限り特定しなければならず(同法第61条第1項)、原則として、法令に基づく場合を除き、利用目的以外の目的のために保有個人情報を自ら利用し、又は提供してはならないこととされており(同法第69条第1項)、臨時的に利用目的以外の目的のために保有個人情報を自ら利用し、又は提供する場合には、一定の要件を満たす必要がある(同条第2項)。

　研修履歴の記録は、教育公務員特例法第22条の6の規定による対話に基づく受講奨励に際して活用することが基本であるが、任命権者において当該記録の利用目的を特定するなど文書管理に関する必要な規定を整備した上で、人事管理その他の目的のために当該記録を活用することを妨げるものではない。そのほか、研修履歴の記録は、同法第22条の5第3項の規定に基づき、任命権者から指導助言者(※)である教育委員会に提供されることとなるが、当該教育委員会やその服務監督下にある校長等の学校管理職において、研修履歴の記録も踏まえつつ、校務運営に関する情報を総合的に考慮した上で、各教師の強みや適性等を生かした校務分掌の整備・決定などを行うことも考えられる。

○　このように、研修履歴の記録は、教育公務員特例法第22条の6の規定による対話に基づく受講奨励のためだけでなく、教師の資質向上・能力開発に資する観点か

ら、任命権者による人事異動や長期研修の派遣などの人事管理全般のほか、適切な権限の委任と情報共有を前提として、上記のような服務監督権者による校務分掌の整備・決定などにも利用されることが想定されるため、このような利用を想定する場合には、その利用目的を特定する上で、その旨を明らかにしておく必要がある。

○　加えて、教職生涯を通じた学びを振り返ることができるようにする観点から、教師が任命権者を越えて、所属校が変わった場合にも、個人情報の保護に関する法律等を遵守することを前提に、前の任命権者や教師本人から情報提供を受けるなどして、円滑に研修履歴に係る情報が引き継がれることが望ましい。

○　なお、研修履歴を含む個人情報を本人から直接書面（電磁的記録を含む。）によって取得する際には、原則として、本人に対する利用目的の明示が必要である（同法第62条）点にも留意する必要がある。

○　上記のほか、同法第66条第1項においては、保有個人情報の安全管理のために必要かつ適切な措置を講じなければならないこととされている。具体的な措置の内容については、個人情報保護委員会事務局が公表している「個人情報の保護に関する法律についての事務対応ガイド（行政機関等向け）」等を参照して適切に対応する必要がある。

※　「指導助言者」とは、教育公務員特例法第20条第2項に規定する指導助言者をいい、県費負担教職員の場合は市町村教育委員会、それ以外の場合は任命権者のことを指す。

(3)　研修履歴の記録の範囲

○　任命権者は、教育公務員特例法第22条の5の規定に基づき、校長及び教員ごとに研修履歴の記録を作成する必要があるが、同条第2項では、当該記録には、

ⅰ）研修実施者（※）が実施する研修（第1号）

ⅱ）大学院修学休業により履修した大学院の課程等（第2号）

ⅲ）任命権者が開設した免許法認定講習及び認定通信教育による単位の修得（第3号）

ⅳ）資質の向上のための取組のうち任命権者が必要と認めるもの（第4号）

を記載することとされている。

　このうち、ⅳ）資質の向上のための取組のうち任命権者が必要と認めるものについては、任命権者の判断により記録すべき研修等を設定することとなるが、記録対象とする研修等の内容の適切性も含め、任命権者の責任において判断する必要があ

る。この際には、記録すること自体が目的化することなく、研修履歴を活用した対話に基づく受講奨励の効果的・効率的な実施という観点から判断を行うことが重要である。

※　「研修実施者」とは、教育公務員特例法第20条第1項に規定する研修実施者をいい、中核市の県費負担教職員の場合は当該中核市教育委員会、市町村が設置する中等教育学校（後期課程に定時制の課程のみを置くものを除く。）の県費負担教職員の場合は当該市町村教育委員会、それ以外の場合は任命権者のことを指す。

○　以下のように、上記ｉ）～ⅲ）は「①必須記録研修等」と、ⅳ）は「②その他任命権者が必要と認めるものに含まれ得る研修等」に整理される。これらの内容は、次ページ以降に詳述する。

＜研修履歴の記録の範囲一覧＞

①必須記録研修等

ｉ）研修実施者が実施する研修

ⅱ）大学院修学休業により履修した大学院の課程等

ⅲ）任命権者が開設した免許法認定講習及び認定通信教育による単位の修得

②その他任命権者が必要と認めるものに含まれ得る研修等

・職務研修として行われる市町村教育委員会等が実施する研修等

・学校現場で日常的な学びとして行われる一定の校内研修・研究等

・教師が自主的に参加する研修等

○　法律に基づく研修履歴の記録は、改正教育公務員特例法の施行日（令和5年4月1日）以後に行われた研修がその対象となる。しかし、教師個人の教職生涯を通じた資質向上を図る観点から、入職から現在までの研修履歴を蓄積し、それを振り返ることができるようにすることは有効であることから、当該施行日前に行われた研修についても、その性質に応じて記録を作成することが考えられる。

○　過去に別の任命権者の下で採用されていた者など、現在の任用関係に入る前の研修履歴については、可能な限り、前の任命権者や教師本人から情報提供を受けるなどして、記録を作成することが望ましい（「(2)　研修履歴の記録の目的」も参照）。

①必須記録研修等（教育公務員特例法第22条の5第2項第1号～第3号）

上記のとおり、ｉ）研修実施者が実施する研修（同項第1号）、ⅱ）大学院修学休業により履修した大学院の課程等（同項第2号）、ⅲ）任命権者が開設した免許

法認定講習及び認定通信教育による単位の修得（同項第3号）については、必ず研修履歴を記録する必要がある。

　ⅰ）研修実施者が実施する研修（同項第1号）には、主に教育センター等が主催する研修のほか、教育事務所や教育委員会事務局各課室等が主催するものが想定される。また、年度途中に企画・実施されるものも含めて、多種多様な研修が含まれるところ、任命権者が実施するおよそ全ての研修の受講履歴が記録の対象となるが、いわゆる「研修」と称されるものには、資質の向上を目的に行われるものと、事実上の情報提供や説明会に留まるものの双方が想定されるが、後者と判断されるものは記録の対象としないことも考えられる。

（中核市教育委員会の所管する学校の教師の研修履歴の扱い）

　中核市の県費負担教職員については、任命権者ではなく、当該中核市が教員研修計画を定め、初任者研修や中堅教諭等資質向上研修を行うこととされているが、市町村を越えて勤務校が変わっていく県費負担教職員の教職生活全体の連続性を考慮し、任命権者が研修履歴の記録を作成することとなっている。このため、中核市教育委員会は、自らが教員研修計画等に基づき実施する研修について、適宜、任命権者である都道府県教育委員会と共有することが必要である。具体的には、例えば、情報システムにより研修履歴を記録し、常時共有する仕組みを整えたり、定期的に中核市教育委員会から都道府県教育委員会に研修履歴に係る情報を提供したりすることなどが考えられる。

　なお、県費負担教職員に関し、中核市以外の市町村教育委員会が実施する研修については、法律上、その研修履歴を必ず記録することとはされていないが、県費負担教職員に係る学校設置者・服務監督権者である立場から行われる中核的な研修とも言えることから、この研修履歴を記録する場合には、上記の中核市の県費負担教職員の場合と同様に、研修主体である市町村教育委員会と法律上の記録主体である任命権者との緊密な連携が図られる必要がある。

（市町村費負担教職員の研修履歴の扱い）

　同一の学校において、県費負担教職員と市町村費負担教職員が存在する場合には、それぞれの任命権者が研修履歴の記録の範囲や方法等を定めることとなる。しかしながら、「(8)　対話に基づく受講奨励の方法・時期」に記載のとおり、指導助言者として、学校内において対話に基づく受講奨励を実質的に担うこととなる校長等の学校管理職において、この研修履歴を活用した効果的・効率的な指導助言等を

可能にする観点から、記録の範囲や方法等について、県費負担教職員の任命権者が定める記録の範囲や方法等に統一するなど、任命権者間であらかじめ統一的な運用となるよう協議しておくことが望ましい。

②その他任命権者が必要と認めるもの（教育公務員特例法第 22 条の 5 第 2 項第 4 号）に含まれ得る研修等

①の必須記録研修等のほか、②その他任命権者が必要と認めるものに含まれ得る研修等としては、職務研修として行われる市町村教育委員会等が実施する研修等、学校現場で日常的な学びとして行われる一定の校内研修・研究等、教師が自主的に参加する研修等がある。

（職務研修として行われる市町村教育委員会等が実施する研修等）

職務研修として行われる市町村教育委員会等が実施する研修については、服務監督権者である教育委員会や校長等の判断の下、高い必要性に鑑みて、職務として受けるものであることから、研修履歴の記録を作成することが望ましい。

また、学校管理職等がその内容を把握可能であり、一般的に職務研修に準ずる内容が求められる職専免研修については、研修履歴の記録を作成することが考えられる。

なお、市町村教育委員会が実施する研修等であっても、市町村立幼稚園の教師については、任命権者が市町村教育委員会であることから、市町村立幼稚園の教師の場合、当該研修等は①必須記録研修等と整理されることに留意すること。同様に、市町村立幼保連携型認定こども園の保育教諭についても、任命権者が市町村の長であることに留意すること。

（学校現場で日常的な学びとして行われる一定の校内研修・研究等）

校内研修・研究等の学校現場における日常的な学びについては、その時期・頻度・方法等を含め、多様なスタイルで行われることが想定される。そのため、一律にその研修履歴の記録を作成することになじまない側面があるが、教職生涯を通じた資質向上を図る上で教師個人の研修履歴を蓄積し、それを振り返るという趣旨に適う一定の校内研修・研究等は、研修履歴の記録を作成することが考えられる。このような校内研修・研究等としては、例えば、国・都道府県・市町村による研究委託（指定）や、年間を通じて、学校ごとに主題を設定した上で組織的に行う研究活動など、各地域・学校の教育課題に即して学校全体で体系的・計画的に学び合い、振り返りながら資質向上を図るものが想定される。一方で、情報伝達を目的とする

ものや、例年確認的に行われているものなどは、記録のための記録となり、教師の負担が高まる可能性があり、記録にはなじまないと考えられる。

○ なお、①必須記録研修等及び②のうち以上のようなものに関しては、免許状更新講習を含め、改正教育公務員特例法の施行日前に行われた研修等で、特に当該施行日前から既に一定程度の研修履歴の記録がある場合等においては、任命権者において適切と判断されるものについて、その性質に応じて研修履歴の記録を作成することも考えられる。

（教師が自主的に参加する研修等）

　　教師が自主的に参加する研修等（職専免研修を除く。以下同じ。）には、例えば、任命権者以外の市町村、教職員支援機構、大学・教職大学院、教科研究会、民間企業等の様々な主体が主催する研修・講習が考えられる。このような研修履歴を記録することは、教師が自らの学びを振り返ったり、校長等と対話を行ったりする上で有益な場合も多いと考えられる。他方、このような研修等に関してすべからく記録を求めることは、その記録の負担のために、オンライン動画を視聴したり、見聞を広めるために研修に参加したりすることをためらうことも考えられる。また、不定形のために詳細な把握が困難なものや勤務時間外に行われるものなど、多様な内容・スタイルの学びが含まれることが想定される。これらに鑑み、教師が自主的に参加する研修等については、教師の申告により選択的に記録することを原則にすることが適当だと考えられる。

(4) 研修履歴の記録の内容

○ 研修名、研修内容、主催者、受講年度、時期・期間・時間、場所（オンラインの場合はその旨）、研修属性（悉皆／希望など）、研修形態（対面集合型／オンデマンド型／同時双方向オンライン型／通信教育型など）、教員育成指標との関係、振り返りや気づきの内容、研修レポートなどの中から、研修の態様や性質に応じて、必須記録事項と記録が望ましい事項などを定めることが想定される。

○ 教師の継続的な資質向上には、体系性・計画性のある研修会や講習といった定型的な学びの機会だけでなく、ＯＪＴをはじめとする教職生活における様々な経験の積み重ねも大きな影響を与えていることは言うまでもない。教師の職能成長には、職務内外における経験自体はもとより、その経験を振り返ることにより教師本人が得る気づきやその組織的共有が重要である。このため、校内研修や授業研究を含む「現場の経験」を重視した学びについては、記録が過度な負担にならないよう留意

しつつ、単なる経験ではなく、このような振り返りの要素を記録内容とすることも考えられる。

○ 「(2) 研修履歴の記録の目的」の（基本的考え方）でも示したように、研修履歴の記録は、教師の資質向上・能力開発に資することを目的に行われるものであり、記録すること自体が目的化したり、過度な負担とならないよう、記録の簡素化に留意する必要がある。例えば、

・研修レポートは、日常的な研修において獲得した知識等の記載を求めるのではなく、法定研修など教職生活における重要な節目で行われる連続性のある研修の際のみに、得られた課題意識や他の教師等との対話を手がかりに自らの実践内容を省察させ、考えをまとめさせることを明確化した上で課すことや、

・記録する媒体によって記録する内容を分けるなどの対応（教育センターが実施する研修の研修名や研修内容、受講年度などの基本的事項は情報システムを活用した電磁的記録として作成し、研修レポートや学校現場で日常的に行われる不定形の多様なスタイルの研修などは必要に応じて別途の電子ファイルや紙媒体で作成するなど）

が考えられる。

○ 特に教師個人に研修レポート等の報告を求め、記録の対象とする場合には、例えば、法律に基づく研修履歴の記録として任命権者に提出するものは真に必要なものに厳選するとともに、それ以外の提出は求めず、その様式や保管等は教師自らが振り返りやすい方法に委ねるなど、過剰な報告や記録により資質の向上のための取組に支障を来すことのないよう留意する必要がある。他方、記録自体とは別に、研修終了時に学んだ内容を振り返ったり、対話的な省察のプロセスを取り入れたりすることは重要であり、これらの活動を、研修終了後のレポート提出等によるのではなく、研修プログラムの中に含めて実施することは有効である。

(5) 研修履歴の記録の方法

○ 研修履歴を記録する媒体は、基本的には、情報システムや電子ファイルを中心としつつ、場合によっては紙媒体など様々な媒体が考えられ、研修の態様や記録すべき内容に応じて、任命権者において適切と判断する媒体に記録する。その際、必ずしも記録媒体を統一する必要はないが、教師の資質向上・能力開発に資するという目的に適うよう、情報システムの整備・充実も含め効果的・効率的な記録環境や方法を整えることが重要である。

○　研修履歴の記録の作成主体は、一義的には任命権者であるが、実際には、情報システム上で機械的に記録されたり、学校管理職等が所属職員分をまとめて記録したり、教師個人が自ら記録したりするなど、様々な方法が想定される。これらは、研修の態様や内容、記録すべき内容などに応じて、任命権者において適切な方法を定めることが望ましい。また、任命権者以外の者に研修履歴の記録行為を担わせる場合には、記録の作成主体は任命権者であるという認識の下で、記録された後の伝達・経由方法なども含め、関係者の役割分担を明確にしておくことが望ましい。

○　なお、年間等を通じて行われる校内研修・研究等を記録の対象とする場合は、通常、その実施状況について教育委員会が把握していると考えられることから、教師の負担が増大しないよう、教育委員会や校長等管理職が、研修履歴の記録を行うことも考えられる。

○　研修履歴の記録の保存については、研修の態様や内容、記録する内容などに応じて、各任命権者が定める行政文書の管理に関する規定に従い、相当期間保存する。その際、教職生涯を通じた学びを振り返ることができるよう、管理に伴う様々な負担（例：情報システムの容量、管理運営費、紙媒体の場合における空間的制約など）を考慮しつつ、可能な限り、現職教師の入職から現在までの研修履歴の記録を保存しておくことが望ましい。

○　過去に別の任命権者の下で採用されていた者に関し、当該別の任命権者の下で作成された研修履歴の記録については、現在の任命権者において、当該記録を再度作成する義務はないが、可能な限り、前の任命権者や教師本人から情報提供を受けるなどして、記録を作成することが望ましい（「(2)　研修履歴の記録の目的」も参照）。

(6)　研修履歴の記録の時期

○　任命権者においては、「(5)　研修履歴の記録の方法」に応じて、適切な記録時期を定める。例えば、研修の性質や記録媒体、記録する主体に応じて、

・情報システムを通じて、受講修了の都度、自動的に記録すること

・対話に基づく受講奨励が行われる期末面談等の前にまとめて教師個人が記録すること

・校内研修や授業研究の実績を校長等が期末面談前に記録すること

などが考えられる。また、

・情報システムを通じて、教師自らが学びや対話の中で得られた気づきや振り返り

を記録すること

・職務研修や職専免研修以外の研修も含めた自己研鑽などの多様な学びを教師の判断で記録すること

なども考えられる。

(7)　研修履歴の記録の閲覧・提供

○　任命権者は、「(8)　対話に基づく受講奨励の方法・時期」に記載のとおり、教師と学校管理職が行う対話に基づく受講奨励において活用するために研修履歴の記録を、当該教師及び学校管理職に提供する。

○　このほか、研修履歴の記録は、教師個人による日常的な振り返りや学校管理職、服務監督権者による校務分掌の整備・決定などに活用されることも想定されることから、面談等の教師と学校管理職との対話の場面だけでなく、日常的又は定期的に、これらの者に対し提供されたり、閲覧できる環境を整えたりすることが考えられる。

○　特に情報システムによって研修履歴の記録を作成する場合は、必要な情報管理の措置を取った上で、当該システムの閲覧権限を設定し、個々の教師及び学校管理職が常時閲覧できるようにすることが望ましい。その他の記録媒体の場合も、個人情報の管理に留意した上で、任命権者、服務監督権者、学校管理職、教師が研修履歴の記録を共有することが考えられる。

(8)　対話に基づく受講奨励の方法・時期

①学校管理職以外の教師への対話に基づく受講奨励

(教育公務員特例法第22条の5及び第22条の6の規定による研修履歴を活用した対話に基づく受講奨励)

○　指標や教員研修計画を踏まえつつ、研修履歴を活用して行う対話に基づく受講奨励は、法律上、指導助言者である教育委員会が行うこととされているが、実際上は、その直接の指揮監督に服し、所属職員の日常の服務監督を行う校長が行うことが想定される。校長は、所属職員を監督し、人材育成を含む校務全般をつかさどる立場にあることから、学校組織を構成する個々の教師の資質向上を促す第一義的な責任主体と言える。

　その上で、校長は、適切な権限の委任の下で、副校長・教頭などの他の学校管理職とも役割分担しつつ、研修履歴を活用して、対話に基づき教師の資質向上に関する指導助言等を行うとともに、これら他の学校管理職に対しては、校長自ら指導助

言等を行うことが想定される。このように研修履歴を活用した対話に基づく受講奨励は、学校管理職が行うことが基本であるが、場合によっては、当該学校の規模や状況に応じて、適切な権限の委任の下で、主幹教諭など学校管理職以外の者に対して、研修履歴を活用した対話に基づく受講奨励の一部を担わせることも可能である。これらの場合には、あらかじめ、その役割分担や対象とする教師の範囲などの共通認識を図っておくことが望ましい。

○　任命権者等は、このような研修履歴を活用した対話に基づく受講奨励に関して①任命権者である教育委員会（研修履歴の作成・提供・閲覧等の観点）、②研修実施者である教育委員会（研修事業を企画・実施する観点）、③指導助言者である教育委員会及び④学校管理職等の役割分担について、教員研修計画に記載することが望ましい。県費負担教職員の指導助言者となる市町村教育委員会は、都道府県教育委員会が策定する教員研修計画に定められる研修履歴を活用した対話に基づく受講奨励の内容・方法等に関する「基本的な事項」（例：教育委員会と学校管理職等の役割分担、面談の実施方法・時期、研修履歴の記録・提出等に関する基本的考え方など）を踏まえた上で、教育委員会と学校管理職等の具体的な役割分担について、要項等で定めることも考えられる。

○　研修履歴を活用した対話に基づく受講奨励に当たっては、人事評価制度との趣旨の違いには留意しつつ、例えば、人事評価に関わる期首面談や期末面談の機会を活用することが想定される。

　　なお、地方公務員法（昭和25年法律第261号）の規定により行われる人事評価に関しては、校長等の管理職が、日常の職務行動の観察を通じて得られた情報などを総合的に踏まえつつ、期末面談等の機会に各教師が発揮した能力や挙げた業績を確認した上で、評価が実施されるものであり、研修履歴や研修量の多寡そのものが人事評価に直接反映されるものではない。一方、研修を行った結果として各教師が発揮した能力や挙げた業績については、人事評価の対象となる。

○　その際、期首面談の場においては、

・学校管理職等は、①指標・教員研修計画や教師個人の職責・経験・適性に照らした人材育成、②学校が目指す教育を進めるために必要な専門性・能力の確保などの観点から行う、過去の研修履歴を活用した研修受講の奨励（情報提供や指導助言）を行うこと

・教師は、①自らの専門職性を高めるために主体的に学びをマネジメントしたり、

②学校を支える力を獲得・強化する観点から自らの職能開発のニーズも踏まえた目標設定をすること

が考えられる。

○　期末面談の場においては、

・学校管理職等は、当該年度の繁忙状況等を考慮した上での教師個人の職能開発の参加状況、ＯＪＴや校内研修等の実施状況を踏まえ、研修履歴を振り返りながら、今後の資質向上のための指導助言を行うこと

・教師は、研修履歴を活用しつつ、ＯＪＴや校内研修、校外研修などによる学びの成果や自らの成長実感、今後の課題などを振り返ること

・学校管理職等と教師が、これらを通じて、成長段階に応じて指標に定められた資質能力がどれくらい身につけられているかを確認・共有するほか、次年度以降の職能開発の目標を話し合うこと

などが考えられる。

○　このほか、研修履歴を活用した対話に基づく受講奨励は、①教師の意欲や主体性の尊重、②学校組織としての総合的な機能の発揮、③教師個人の人材育成の観点などから、これらが調和した効果的な職能開発を行うためのプロセスであることから、定型的な面談のほか、様々な機会をとらえて、対話に基づく受講奨励を行うことが望ましい。

(職や教科の専門性に応じた受講奨励)

○　養護教諭や栄養教諭など、校内において一人又は少数しか配置されない教師については、その職特有の専門性に通じた学校管理職が当該学校内にいない場合が想定される。このため、域内の複数校によるネットワークの構築などにより、同職種の教師間でのノウハウの伝承や学び合いを積極的に取り入れることにより、当該専門性に係る資質の向上を図ることが有効と考えられる。また、これらの職種の教師が校内で果たす役割に鑑みれば、その職特有の専門性のみに過度に偏重することなく、異職種の教師間での学び合い等も積極的に進める必要がある。

　　各学校においてこれらの取組が円滑に行われるよう、教育委員会が主体的に学校横断的な役割を果たし、教育センターや教育事務所の指導主事による指導助言、域内の養護教諭・栄養教諭等の関係団体との連携協力体制の構築等を進めていくことが望まれる。その上で、学校管理職は、指導主事や他校に在籍する同職種の教師の協力を得て、その職特有の専門的な指導助言等を依頼するなど、学校

内外を通じた継続的な資質向上の推進体制を整えることが望ましい。

○　また、教科の専門性に係る資質向上についても、学校管理職は、自らの専門外の教科指導等に関し、校内の同じ教科の教師を通じて所属教師の指導状況の把握や指導助言をしたり、あるいは域内の同じ教科の教師の協力を得て、所属教師に対する指導助言等を依頼するなど、学校内外を通じた継続的な連携協力体制を整えることが有効である。その際、教育センターや教育事務所の指導主事による指導助言を活用するなど、教育委員会が主体的に学校横断的な役割を果たしていくことが望まれる。

②校長等の学校管理職への対話に基づく受講奨励

○　法律に基づく研修履歴を活用した対話に基づく受講奨励の対象には、校長等の学校管理職も含まれる。校長以外の副校長や教頭については、①の例に準じて、基本的に校長が研修履歴を活用した対話に基づく受講奨励を行うことが想定される。

○　校長については、一義的には服務監督権者である教育委員会等が、研修履歴を活用した対話に基づく受講奨励の主体となる。実際には、教育長や教育委員会事務局職員等が受講奨励の主体となることが考えられ、例えば、人事評価における期首・期末面談の場を活用した教育長等による受講奨励が想定される。校長への対話に基づく受講奨励に当たっては、一般の教師と同じく、指標や教員研修計画を踏まえつつ、研修履歴を活用することとなるが、校長職に採用される前の副校長・教頭職にあったときの研修履歴なども考慮した上で、校長としての資質向上を図ることが望ましい。その際、校長に求められる資質能力として人材育成が大きな柱となることは言うまでもなく、特に所属職員への対話に基づく受講奨励の主体としての役割や具体的な人材育成手法について、服務監督権者である教育委員会等や任命権者による個々の校長の経験、適性等に応じた体系的・計画的な支援が行われることが期待される。

(9)　学校内で行う研修履歴の記録と学校管理職以外の教師による対話に基づく受講奨励

（学校内で行う研修履歴の記録）

○　法律に基づき任命権者が行う研修履歴の記録とは別に、校内研修を中心に、学校現場における組織的かつ日常的な学びの記録を蓄積し、年間を通じた校内研修の総括の場や職員面談等の場において、その蓄積された記録を基に振り返り、今後の学校全体としての組織的な学びの方針・内容等に反映していくことも、教師の資質向上のための取組として有効である。

○　このような、研修の性質に応じて学校内で研修履歴を記録することも、いわば「学校としての学びのポートフォリオ」として蓄積・活用していく意味で効果的であり、記録することが過度な負担になったり、記録すること自体が目的化しないよう留意しつつ、積極的に取り組むことが期待される。

○　その際、任命権者・服務監督権者である教育委員会においては、各学校の校内研修の取組を把握し、当該学校に必要なフィードバックを行うほか、把握・蓄積された校内研修の実践事例等を域内の他の学校に共有することなどが期待される。

（様々な主体・機会による対話に基づく受講奨励）

○　教師同士の学び合い文化を醸成する観点から、法律の規定とは直接関係なく、必ずしも研修履歴を活用することを前提としないが、例えばミドルリーダーやメンターなど学校管理職以外の教師の協力を得て、当該教師を通じて、対話に基づく受講奨励を行うことも考えられる。その際、メンターチームを活用した日常的な短い対話の機会や学年会など各学校等に適した様々な機会を活用することが考えられる。

第3章　研修受講に課題のある教師への対応

1．基本的考え方

○　一人一人の教師が、自らの専門職性を高め、誇りを持って主体的に研修を行うためには、教師の意欲と主体性を尊重することが重要である。研修履歴を活用した対話に基づく受講奨励の仕組みにおいても、この考え方は同様であり、教師と学校管理職等とがこれまでの研修履歴を活用しながら対話を行い、それを踏まえた研修の実施や受講の奨励を行うことが基本である。

○　その上で、期待される水準の研修を受けているとは到底認められない場合など、やむを得ない場合には職務命令（注）を通じて研修を受講させる必要もあると考えられる。

　（注）一般的に教育センターで実施される研修など校外研修に参加する場合に出張命令などという形で職務命令を伴うが、本章で用いる「職務命令」とは、学校管理職等と教師との対話の中で十分な相互理解が図られない結果、学校管理職等から出す研修受講命令を想定している。

2．期待される水準の研修を受けているとは到底認められない場合

○　合理的な理由なく法定研修や、教員研修計画に定められた対象者悉皆の年次研修

等に参加しない場合のほか、勤務上の支障がないにもかかわらず、必要な校内研修に参加しない場合や、合理的な理由なく研究授業や授業公開における授業者としての参加を拒絶する場合、校内研修に形式的に参加するものの実際には他の業務を行うといった実質的に研修に参加しているとは言えない場合などは、当然、期待される水準の研修を受けているとは認められない。このような場合は、通常、学校管理職等による服務指導によって対処されるべき問題であるが、このような行為が繰り返されたり、常態化している場合には、行為態様の状況を総合的に勘案した上で、職務命令を通じて適切な研修受講を命じることが考えられる。

○　加えて、児童生徒等や学校を巡る状況の変化に速やかに対応する観点、地域・学校ごとの教育目標の達成や教育課題の解決に向けて必要な対応力を確保するといった観点などから、ＩＣＴや特別な配慮・支援を必要とする子供への対応など特定分野の資質の向上を図る強い必要性が認められるにもかかわらず、研修履歴を活用した対話に基づく受講奨励のプロセス等を通じて学校管理職等から教師に対し特定の研修受講等を再三促してもなお、一定期間にわたって、合理的な理由なく当該特定分野に係る研修に参加しないなど資質向上に努めようとする姿勢が見受けられない場合など、やむを得ない場合には、職務命令を通じて特定の研修受講を命じることもあり得る。その際、万が一、これに従わないような事例が生じた場合は、事案に応じて、人事上又は指導上の措置を講じることもあり得る。

○　なお、このような教師に対して職務命令を通じて研修受講を命じる場合には、できる限り、研修権者・服務監督権者である教育委員会とも情報共有・相談の上、研修受講を命じることが望ましい。また、服務監督権者である教育委員会は、教師の効果的な資質向上の観点から、必要に応じて、資質向上を含めた人事管理全般を担う任命権者とも情報共有の上、学校管理職等に対して必要な指導助言等を行うことが望ましい。

３．「指導に課題のある」教員に対する研修等

○　「指導に課題のある」教員（注１）に対する研修等については、これまでも、任命権者、服務監督権者、学校管理職等において、その取組が進められてきたが、今般の研修履歴を記録する仕組みと対話に基づく受講奨励のプロセスを通じて、そのような教師に対する対処を更に早期に、かつ、効果的に行うことが可能になると期待される。

○　「指導に課題のある」教員の早期発見・早期対処については、一般的に、日常の

服務監督の一環として行われる場合のほか、人事評価における面談などを通じて行われることが考えられる。その対処を効果的なものとするためには、今般の研修履歴を活用した対話に基づく受講奨励の仕組みとも関連させながら、教師一人一人に応じた継続的な研修の受講を通じてその資質向上を図っていくことが望ましい。

○　その際、当該教師の資質能力や、研修履歴を含めたこれまでの経験、適性等を自ら見つめ直すとともに、学校管理職等からの指導助言も受けて、自らを客観視することが重要と考えられる。このため、人事評価との趣旨の違いに十分留意しつつ、指標を踏まえて、自らの更に伸ばすべき分野・領域や、補い、改善すべき分野・領域について、自己評価及び学校管理職等による評価を行い、これを踏まえた研修計画書を作成し、研修受講につなげることが考えられる。

○　なお、このような教師の抱える課題の程度に応じて、研修権者・服務監督権者である教育委員会、任命権者である教育委員会とも情報共有・相談の上、対応することが望ましく、これらの教育委員会は、積極的に学校管理職等に対して必要な指導助言等を行うことが望ましい。

○　また、指導に課題のある教員のうち、情報提供や指導助言を行って実施された研修によってもなお指導の改善が見られず、より集中的な研修を必要とするものには、教育公務員特例法第25条に基づき、任命権者である教育委員会による「指導が不適切である」教員（注2）の認定やそれに引き続く指導改善研修に至るプロセスに入る可能性も考えられる。

　　指導が不適切な教員に対する人事管理については、「指導が不適切な教員に対する人事管理システムのガイドライン」（平成20年2月策定。令和4年8月一部改定）も参照されたい。

（注1）「指導に課題のある」教員とは、「指導が不適切である」との認定には至らないものの、教科等の指導に当たって一定の課題がみられる教員をいう。

（注2）「指導が不適切である」教員とは、知識、技術、指導方法その他教員として求められる資質、能力に課題があるため、日常的に児童等への指導を行わせることが適当ではない教諭等のうち、研修によって指導の改善が見込まれる者であって、直ちに分限処分等の対象とはならない者をいう。

終わりに

○　本ガイドラインは、研修履歴を活用した対話に基づく受講奨励に関し、教育委員

会等における適正な運用に資するよう定めるものであるが、この前提となる「新たな教師の学びの姿」として求められているのは、審議まとめでも指摘されているように、一人一人の教師が、自らの専門職性を高めていく営みであると自覚しながら、誇りを持って主体的に研修に打ち込むことである。その鍵である、教師の個別最適な学び、協働的な学びの充実を通じた「主体的・対話的で深い学び」の実現は、児童生徒等の学びのロールモデルとなることにもつながる。

○　その意味で、この研修履歴を活用した対話に基づく受講奨励の意義は、研修の管理を強化するものではなく、教師と学校管理職とが、研修履歴を活用して対話を繰り返す中で、教師が自らの研修ニーズと、自分の強みや弱み、今後伸ばすべき力や学校で果たすべき役割などを踏まえながら、必要な学びを主体的に行っていくことにある。このため、研修履歴を記録・管理すること自体を目的化しない意識を十分に持ち、指標や教員研修計画とも相俟って、適切な現状把握と主体的・自律的な目標設定の下で、新たな学びに向かうための「手段」として研修履歴を活用することが重要である。同じく記録自体を目的化しない観点から、研修レポートなど教師個人から報告を求めるものは、真に必要なものに厳選し、簡素化を図るとともに、研修履歴の記録の方法についても、できる限り教師個人に負担のかからないような効率的な記録方法とすることも重要である。

○　本ガイドラインは教育委員会等における適正な運用の参考となるよう定めるものであり、特に研修履歴の記録に関し、本ガイドラインで「考えられる」と表記した各種内容については、指標や教員研修計画との関係性も考慮しつつ、法令で定める範囲内において、地域や学校の実情に応じて、いかにその効果を最大化させるかという点を常に意識する必要がある。

○　この仕組みを実効あるものとすべく、特に教科指導に係る指導助言などを含む効果的な対話に基づく受講奨励のためには、第1章2．の研修推進体制の整備と同時に、指導主事や主幹教諭の配置充実も含め、国と地方が一丸となって、指導体制の充実を図るとともに、学校における働き方改革を強力に進めていく必要があることについても、十分に留意しなければならない。

○　多様な専門性を有する質の高い教職員集団の構築に向け、多様な内容・スタイルの学びが重要視されていく中で、この研修履歴を活用した対話に基づく受講奨励の仕組みを、教師が自らの強みや得意分野の再認識と自信につながり、学び続け、成長する教師の「次なる学びのエンジン」としていくことが期待される。

索引

執筆者一覧 (50音順)

樫原　哲哉　　文部科学省総合教育政策局教育人材政策課教員免許企画室長

中村真太郎　　文部科学省高等教育局大学教育・入試課課長補佐（前教育人材政策課課長補佐）

丹羽　雅也　　デジタル庁国民向けサービスグループ参事官補佐（前教員免許企画室専門官）

長谷　浩之　　内閣法制局参事官（元教員免許企画室長）

平野　博紀　　文部科学省高等教育局大学教育・入試課大学入試室長（前教員免許企画室長）

藤田　早紀　　文部科学省大臣官房総務課法令審議室審議第二係（前教員免許企画室免許係）

山田　哲也　　文部科学省初等中等教育局初等中等教育企画課企画係長（前教員免許企画室免許係長）

若林　　徹　　文部科学省初等中等教育局児童生徒課課長補佐（元教員免許企画室専門官）

サービス・インフォメーション
─── 通話無料 ───
①商品に関するご照会・お申込みのご依頼
　　　　　TEL 0120（203）694／FAX 0120（302）640
②ご住所・ご名義等各種変更のご連絡
　　　　　TEL 0120（203）696／FAX 0120（202）974
③請求・お支払いに関するご照会・ご要望
　　　　　TEL 0120（203）695／FAX 0120（202）973

●フリーダイヤル（TEL）の受付時間は、土・日・祝日を除く
　9：00～17：30です。
●FAXは24時間受け付けておりますので、あわせてご利用ください。

教員免許制度の仕組みと実務
―教職課程から新教員研修制度まで―

2023年3月15日　初版発行

著　者　教員免許制度研究会
発行者　田　中　英　弥
発行所　第一法規株式会社
　　　　〒107-8560　東京都港区南青山2-11-17
　　　　ホームページ　https://www.daiichihoki.co.jp/
装　丁　安　藤　剛　史

教員免許制度　ISBN 978-4-474-09155-9　C2037（3）